파노라마 바이올린

KB275104

Panorama Violin

바이올린을 연주하기까지 일련의 과정을 담다

이지은 저

파노라마 바이올린

BORDERS

Prologue

우리는 평생 음악을 곁에 두고 즐기며 살아갑니다. 특히 아이들은 리듬에 맞춰
자연스럽게 몸을 움직이곤 합니다. 높낮이가 변화하는 음의 진행을 마치 놀이처럼
흥미롭게 받아들이고, 악상이 주는 분위기와 캐릭터에 금세 동화되어 천진난만한 모습을
보여줍니다.

개인적으로 음악이 좋은 이유는 음악은, 흘러가고 있어서입니다. 즐거우면 즐거운 대로
슬프면 슬픈 대로 그냥 그 자체로 흘러가는 것이 자연스럽습니다. 때때로 자연이 주는
평온한 침묵이 가장 좋은 음악이라 고백하기도 하지만, 바쁜 일상에 치여 마치 고장 난
시계처럼 멈춰 서게 될 때 음악은 지극히 개인적인 시간의 통로가 되어 나를 일깨워줍니다.
더불어 음악의 언어를 통해 받는 공감과 위로는 가장 편안하고 나지막한 휴식을 줍니다.
우리가 음악을 좋아하고 필요로 하는 이유는 결국 인간이 만들어 낸 작품이기 때문일
것입니다. 보편적인 차원에서 느끼는 동질감과 함께, 나와 다른 누군가의 고유한 인간성을
경험하는 것은 우리의 지성과 감성을 자극해 삶을 폭넓게 이해할 기회를 선사하고 영혼을
풍요롭게 합니다. 머지않아 이러한 경험은 적극적인 행동으로 나타납니다. 무언가
좋아하는 것을 발견할 때면 우리는 그 대상을 향해 온몸으로 경험하려 합니다. 직접 보고
듣고 느낄 수 있는 장소에 가거나, 결정적으로 자신이 연주할 악기를 찾듯이 말입니다.

악기는 음악의 도구로써 재료와 형태, 크기에 따라 각기 다른 소리와 주법의 특징을
갖습니다. 오케스트라의 많은 악기 중에서 우리가 바이올린을 선택한 이유는 무엇일까요?
그 끌림을 정확히 설명할 수는 없지만, 분명 바이올린만이 지닌 구조적 아름다움과 곡의
분위기에 따라 드라마틱하게 연출되는 매력을 빼놓을 수 없을 것입니다.
바이올린은 오케스트라에서 현악기로 분류됩니다. 현(絃)은 한자로 줄을 뜻하고,
영어로는 스트링(String)이라고 합니다. 같은 현악기족(Strings)에는 바이올린과 비슷한
모양을 가졌지만 크기와 음역대가 다른 비올라(Viola), 첼로(Cello), 더블 베이스(Double
Bass)가 있습니다.
쉽게 말해 현악기는 나무로 만든 형태에 양쪽으로 줄을 끼워 한 손은 줄을 짚어 음을
표시하고, 다른 한 손은 활로 줄의 떨림을 일으켜 음을 소리 냅니다. 이러한 특징을
바탕으로 현악기 연주자의 주제는 얼마나 정확한 음정으로 줄을 짚고, 어떻게 하면 떨리는
줄의 반응을 음악적인 소리로 다룰 것인지입니다. 주법에 충실해지는 것만이 연주의
즐거움을 누릴 수 있는 유일한 방법이기 때문입니다. 따라서 입문 단계에서 우리가 주목할
것은 '주법을 올바르게 시작하기 위한 조건은 무엇인가'입니다.
예컨대 성악가에게 자신의 몸은 가장 좋은 악기입니다. 자신에게 가장 완벽하게 들어맞기
때문입니다. 이와 마찬가지로 현악기 연주자는 악기와 하나 되는 자세를 갖출 때 주법에

대해 몸소 이해하고 그 방법들을 고루 익힐 수 있습니다.

우리에게는 두 가지 전제가 있습니다. 누구나 자기 고유의 음악성을 타고났다는 것과 양팔의 움직임이 자유롭다면 누구든지 근사한 연주를 할 수 있다는 것입니다. 단, 이 두 가지 전제는 '자세'라는 조건을 통해 증명할 수 있습니다.

주법의 개념, 파노라마 바이올린

이 책은 바이올린을 연주하기 위해 기본적으로 갖춰야 할 주법의 개념을 다룹니다. 그 개념의 바탕은 '자세'에 있으며, 여기서 자세가 갖는 의미는 악기와 나의 관계성입니다. 만약 아주 쉬운 곡조차 연주가 어렵게 느껴진다면 그 이유는 악기와 내가 연결되지 않는 자세를 취했기 때문입니다. 즉, 관계성이 낮기 때문입니다. 관계성에 대한 이해는 악기와 내 몸, 각각의 조건을 살펴보고 이를 조화롭게 갖추는 데서 시작됩니다. 충분한 이해가 있다면 악기와 하나 되는 자세를 통해 주법을 올바르게 익힐 수 있습니다. 이러한 과정은 악기를 다루는 데 있어 지속적인 동기와 성취감을 불러일으키며, 궁극적으로 '악기'와 '나', 두 음악적 존재가 서로 교감할 수 있도록 가능성을 열어줍니다. 나아가 그 가능성의 시간은 우리 내면의 모습을 깊이 들여다보는 여정이 될 것입니다.

저도 누군가에게 가르침을 받을 때, 문득 이런 생각이 들었습니다. 어떠한 개념이 명확한 사람의 머릿속에는 마치 한눈에 펼쳐진 전경과도 같은 그림이 그려져 있지 않을까? 이러한 아이디어로부터 이 책 『파노라마 바이올린』은 악기를 연주하기까지의 과정을 하나의 파노라마처럼 떠올릴 수 있도록 보여주고 싶은 생각에서 기획되었습니다.

특히 바이올린을 처음 다루면서 겪는 어려움과 문제점의 원인을 중점적으로 짚어 설명하고자 했습니다. 또한, 당장 바이올린을 배우지 않더라도 평소 악기에 관심이 있거나 연주를 감상하는 데 취미가 있는 분들이 가볍게 즐길 수 있는 한 편의 교양서로써 주법에 대해 쉽게 이해하고 접근할 수 있도록 어렵지 않게 쓰려 노력했습니다.

글과 그림으로 주법을 전달하고 이를 책으로 만드는 과정이 쉽지 않았지만, 개인적으로 큰 도전이자 경험이었습니다. 비록 저의 부족함으로 인해 미흡한 부분이 있을지라도 앞으로 펼쳐질 흥미로운 시간에 '악기'와 연주자인 '여러분'이 하나의 일치된 소리, 울림을 통해 노래하는 경험을 얻을 수 있길 바라며, 부디 이 책이 바이올린에 관심을 가진 모든 분께 필요한 도움을 안겨주었으면 좋겠습니다. 자, 그럼 시작해 볼까요?

Contents

Stage 1

내 주를 가까이(Nearer My God to Thee) / 로웰 메이슨(Lowell Mason)
아리랑(Arirang) / 경기 민요
고요한 밤 거룩한 밤(Silent Night Holy Night) / 프란츠 그루버(Franz Gruber)

비브라토

Stage 2 & Stage 3

사장조 미뉴엣(Minuet in G Major BWV Anh. 114) / 요한 세바스찬 바흐(Johann Sebastian Bach)
사장조 미뉴엣(Minuet in G Major BWV Anh. 116) / 요한 세바스찬 바흐(Johann Sebastian Bach)
사냥꾼의 합창(Hunter's Chorus) / 칼 마리아 폰 베버(Carl Maria von Weber)

사장조 미뉴엣(Minuet in G Major) / 루드비히 판 베토벤(Ludwig van Beethoven)
마장조 미뉴엣(Minuet from String Quintet in E Major) / 루이지 보케리니(Luigi Boccherini)

쉬프팅

유모레스크(Humoresque) / 안토닌 드보르작(Antonin Dvorak)

머리
(Head or Scroll)
팩(Peg)
목 (Neck)
지판(Fingerboard)
줄(String)
몸통 (Body)
f홀(F hole)
브릿지(Bridge)
조리개(Fine tuner)
줄걸이틀 (Tailpiece)
턱받침(Chin rest)
엔드핀(Endpin)

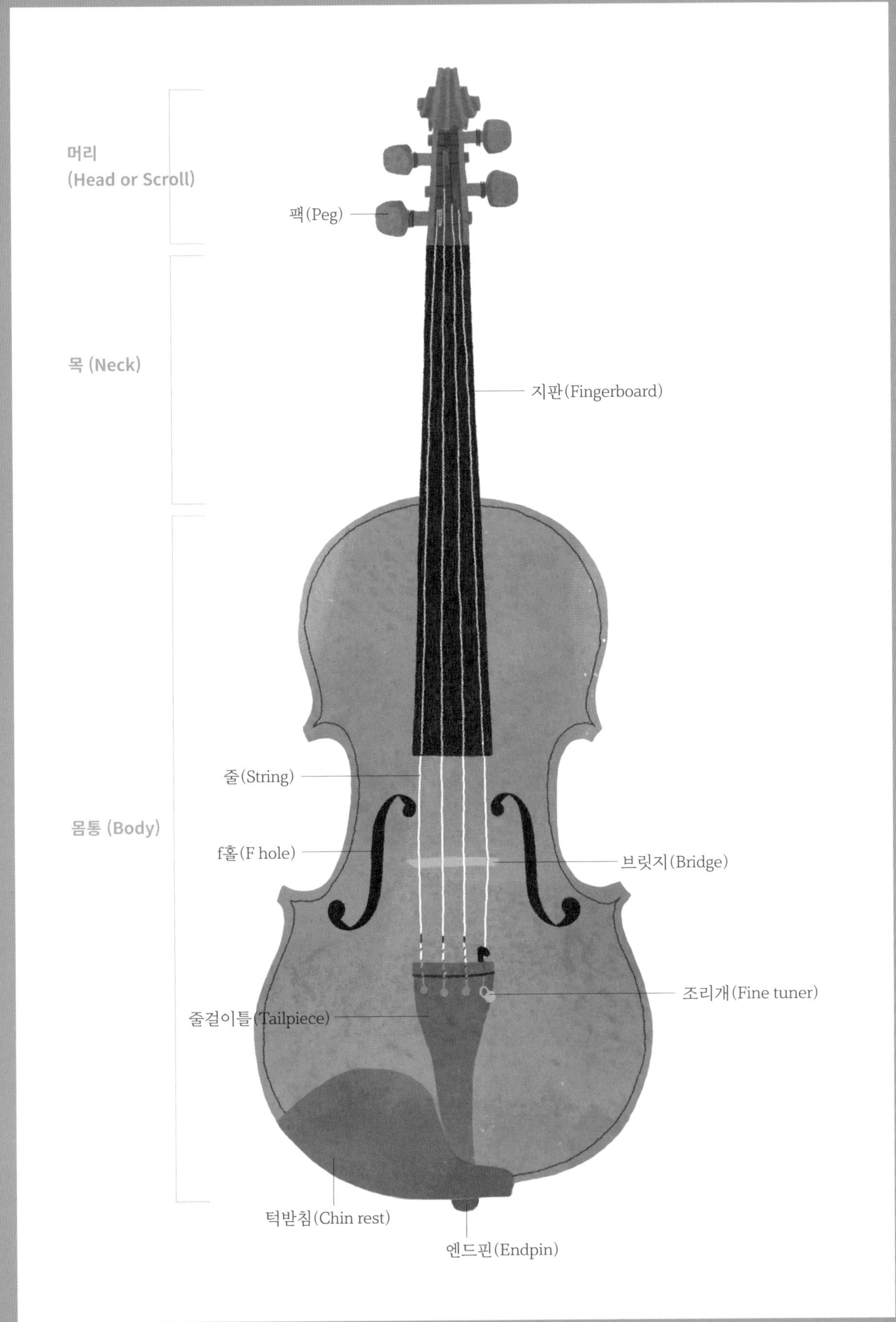

그림 1

바이올린

바이올린은 머리, 목, 몸통으로 나뉩니다. 4개의 줄은 머리
부분의 팩과 몸통 아랫부분에 있는 줄걸이틀의 구멍에 양쪽으로
끼워지며, 각각의 줄은 각도를 달리해 브릿지 위에 놓입니다.
팩을 돌려 줄을 감거나 풀어줍니다. 추가로 줄걸이틀에 부착된
조리개를 사용하면 미세한 음의 높낮이를 손쉽게 조절할 수
있습니다. 지판은 왼손의 운지가 이루어지는 영역으로 4줄의
음계를 나타냅니다. 이어서 지판과 브릿지 사이는 운지한 음을
소리 내는 활 긋기의 영역이며, 양옆에 새겨진 f홀은 몸통 안으로
전달받은 울림을 내보내 주는 구멍입니다. 엔드핀은 줄걸이틀을
단단히 고정해 주고, 턱받침은 연주자가 턱을 올려놓을 수 있도록
부착된 장치로 악기와의 밀접한 연결을 돕습니다.

활

활은 활 끝, 활 중간, 활 밑으로 나뉩니다. 각 부분의 명칭은 활
긋기의 위치나 범위를 설명하는 주법의 용어로 사용됩니다.
활을 사용하기 전 조이개를 오른쪽으로 돌려 활털을 조여줍니다.
반대로 왼쪽으로 돌리면 활털이 풀어집니다. 이때 조이개를
왼쪽으로 지나치게 많이 돌리면 활털걸이가 활대에서 분리될 수
있으니 주의합니다. 활을 사용하지 않을 때는 활대에 활털이 닿을
정도로만 풀어서 보관합니다.

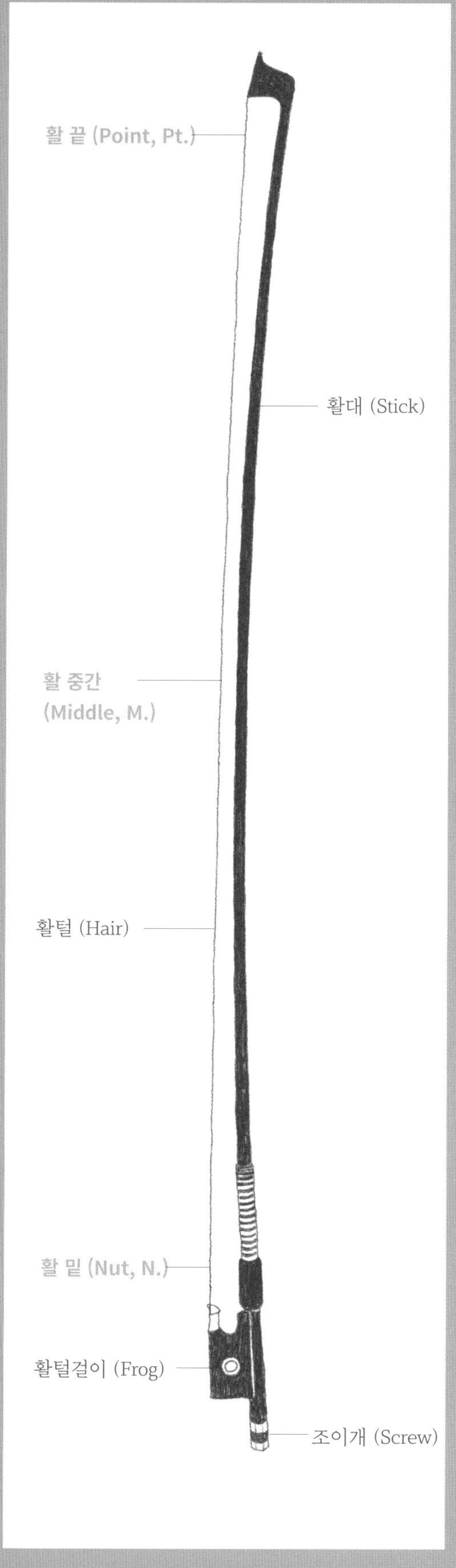

그림 2

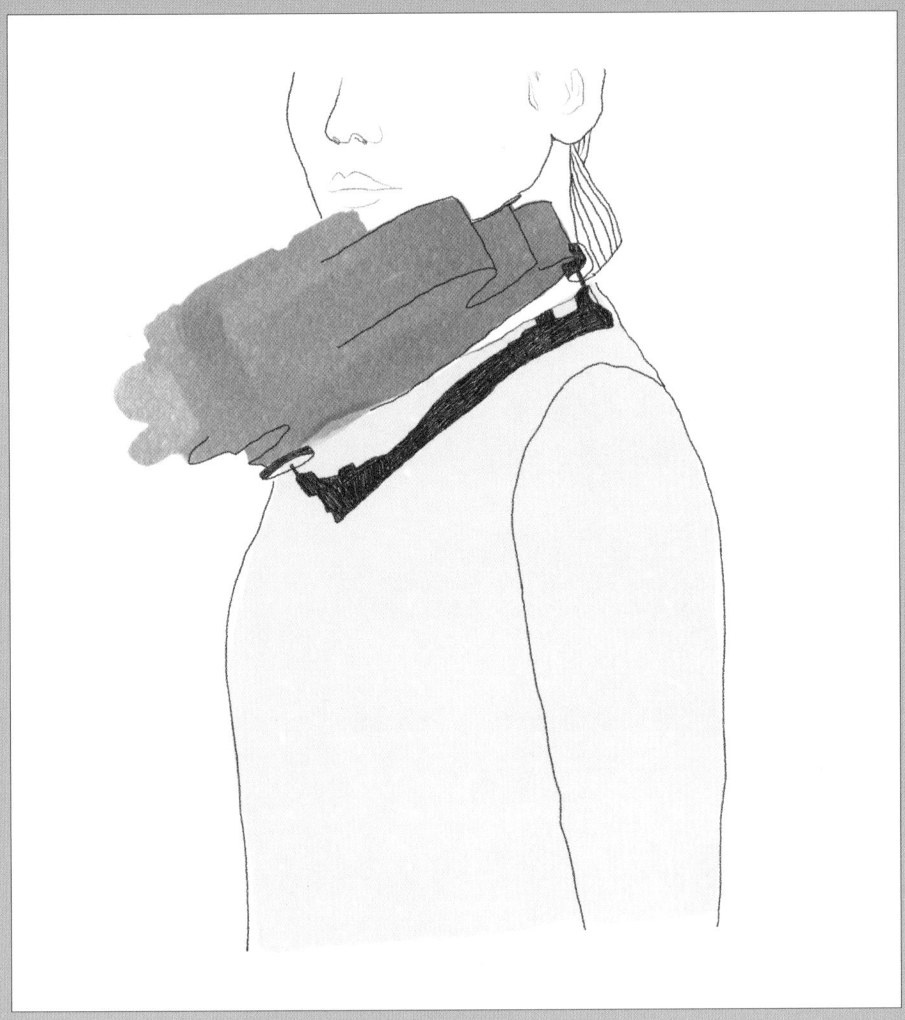

그림 3

어깨받침의 역할

어깨받침은 악기가 어깨에서 미끄러지거나 빠지지
않도록 지지해 주는 역할을 하며, 연주자가 더욱 안정적인
상태에서 연주할 수 있도록 도와줍니다. 턱받침이 악기의
앞면에 부착되어 연주자와 밀접하게 연결해 주는 장치라면,
어깨받침은 악기의 뒷면에 부착하는 장치입니다.
어깨받침을 사용할 때 주의할 점은 악기의 위치와 상태가
어깨받침에 의해 결정된다는 것입니다. 위 <그림 3>과
같이 실제로 악기는 어깨받침 위에 놓이기 때문에 만약
어깨받침의 설정이 잘못되면 불안정한 상태로 놓일 수밖에
없으며, 이로 인해 연주자는 주법의 자세와 동작을 제대로
실행하기 어려울 것입니다. 즉, 어깨받침의 올바른 설정은
궁극적으로 양팔 연주의 자율적인 활동을 위한 것입니다.
그렇다면 악기를 안정적인 상태로 놓기 위해서는 어떻게
해야 할까요?
이 책에서 제안하는 어깨받침의 사용법은 '어깨받침의
주소'를 찾는 것입니다. 어깨받침의 주소란, 내 몸과
일치하는 어깨받침의 자리를 뜻합니다. 내 몸과 어깨받침이
일치하는 곳에서 악기는 안정적인 상태로 놓일 수 있으며,
비로소 연주자는 양팔의 주법을 실행할 수 있습니다.

어깨받침의 주소 찾기

먼저 오른손을 왼쪽 어깨에 얹어 가슴 부근으로 이어지는 몸의
굴곡을 살펴봅니다. 그런 다음 어깨받침의 넓은 부분을 위로 향하게
잡습니다. 이어서 어깨받침의 넓은 부분을 쇄골 위에 올려놓으며 내
몸과 일치하는 자리를 찾아봅니다. 거울을 통해 확인하거나 밀착된
느낌을 통해 쉽게 알 수 있습니다.

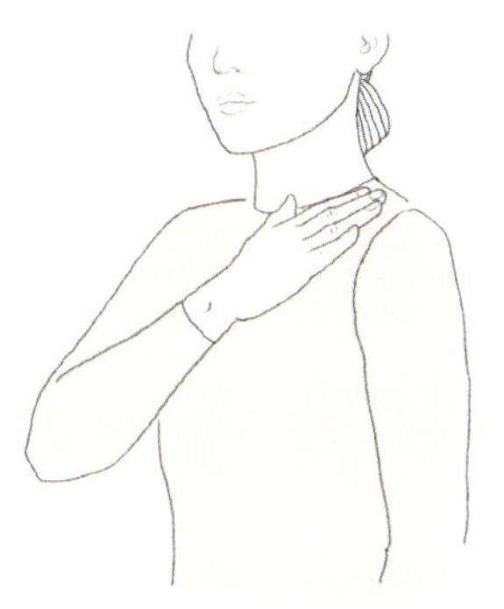
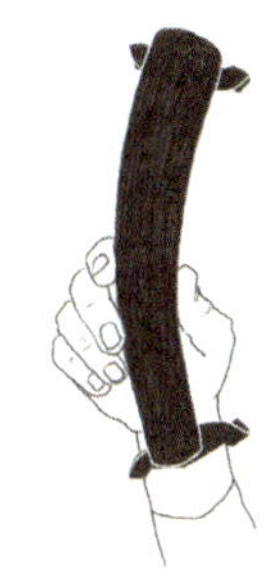

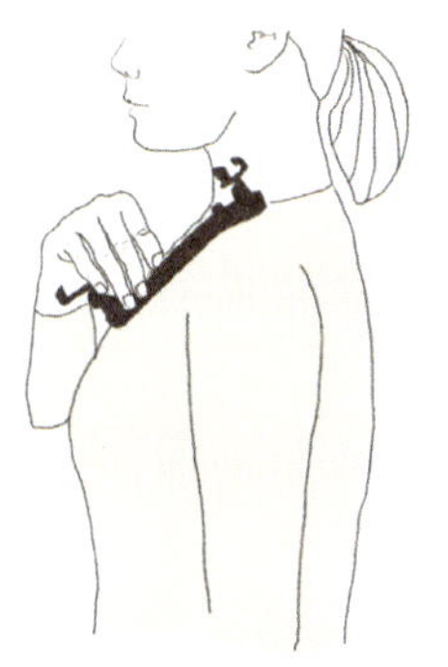

그림 4, 5, 6, 7

그림 8, 9

어깨받침 끼우기

탐색한 자신의 어깨받침 주소에 따라, 예컨대 <그림 8>과 같이
악기의 뒷면에 각을 설정한 후 어깨받침의 넓은 부분을 먼저
끼우고 나머지 한쪽을 빙 둘러 끼웁니다.
어깨받침의 주소는 개인의 신체 조건에 따라 다를 수 있으며,
성장기의 학생은 신체의 변화에 따라서도 달라집니다.
참고로 어깨받침의 각을 인지하거나 악기에 끼우는 과정에서
오차범위가 생길 수 있습니다. 추후 악기를 올려놓는
단계에서 밀착된 느낌을 통해 어깨받침의 주소를 확인하거나
수정합니다.

어깨받침의 종류

가장 보편적으로 많이 사용하는 어깨받침은 이 책에서
예시하는 것처럼 가운데 유형입니다. 대개 입문용 악기를
구매할 때 세트로 구성됩니다.

그림 10

송진의 효과와 바르는 법

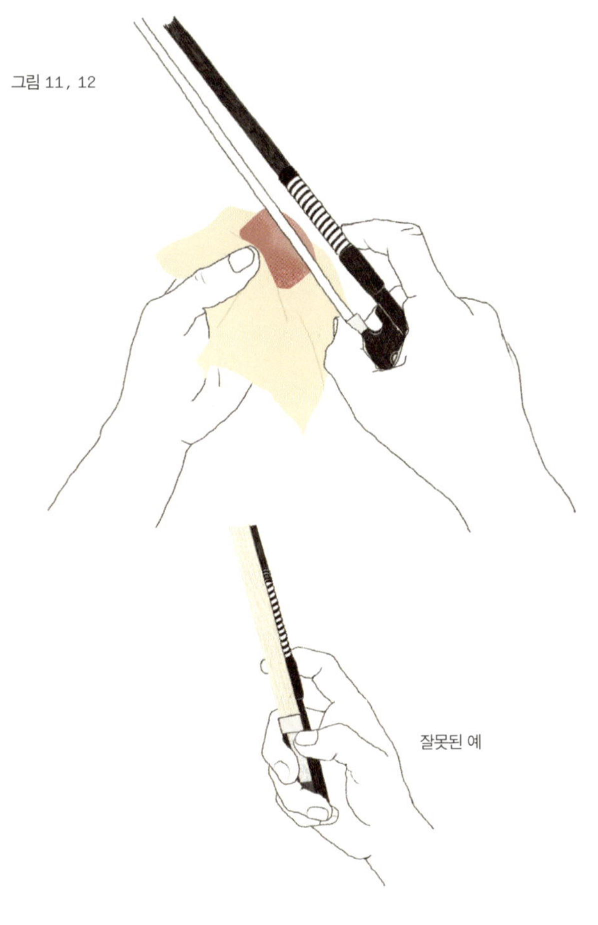

그림 11, 12

잘못된 예

활에 송진을 바르는 이유는 활털에 묻은 송진 가루가 줄과의
마찰력을 높이기 때문입니다. 송진을 바르지 않은 새 활을
사용할 때 소리가 나지 않고 줄에서 미끄러지는 이유는 마찰력이
부족하기 때문입니다.

송진을 바를 때는 먼저 활털을 적당히 조여준 후 왼손에 송진을
준비하고 활을 그 위에 올려놓습니다. 활 밑부터 활 끝까지
고르게 바르며, 새 활의 경우에는 송진 가루가 활털에 충분히
배도록 발라줍니다. 이때 주의할 점이 있습니다. 송진이 쉽게
깨질 수 있으므로 활털걸이(Frog)의 쇠 부분과 닿지 않도록
엄지손가락으로 감싸줍니다.

그림 13, 14

잘못된 예

또한, 송진의 표면이 한 방향으로 패이지 않도록 평평하게
돌려가면서 사용합니다.

송진이 고르게 발라졌는지 한쪽 눈을 지그시 감아 확인합니다.
빈 부분은 채우되, 만약 송진의 양이 지나치게 많으면 가루가
심하게 날리고 되려 활 긋기의 실행을 방해할 수 있습니다. 이때
활털에 묻은 송진 가루를 직접 손으로 닦지 않습니다. 활 긋기를
통해 송진 가루를 덜어낸 후 줄에 묻은 송진 가루를 닦아냅니다.
연습 중 소모된 송진 가루는 연습량에 따라 또는 다음 연습 때
보충합니다.

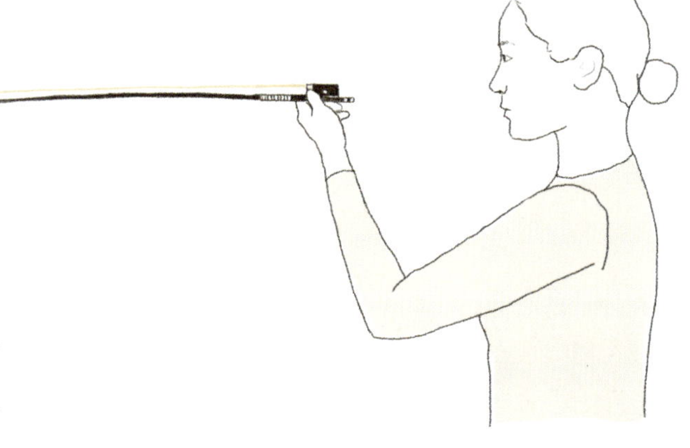

그림 15

보면대의 위치

그림 16

보면대는 연주자의 몸통과 정면이 아니라, 악기가 놓이는 방향에 가깝게 놓습니다.
이는 연주자의 고개와 시선이 자연스럽게 악기가 놓이는 방향을 따르기 때문이며,
주법의 실행을 확인하면서도 악보를 볼 수 있습니다. 흔히 하는 실수로, 보면대를
연주자의 몸통과 정면에 놓고 연주하면 고개를 돌려가며 주법의 실행과 악보를
번갈아 확인해야 합니다. 더 큰 문제는 악보를 보는 데 치중해 악기의 위치와 상태가
적절치 않게 되고, 양팔의 자세와 동작을 바르게 취하기가 어려워집니다. 그러므로
정작 주법을 익혀야 할 시기에 악보를 보는 데만 치우치지 않도록 항상 보면대를
알맞게 설정하는 것이 중요합니다.

융의 마무리 손질

연습을 마치면 다음과 같은 순서로 악기를 닦아줍니다. 양손의 지문과 땀, 송진 가루, 먼지 등의 이물질이 남아 있으면
악기의 표면이 손상될 수 있고, 줄의 떨림을 방해하거나 감소시켜 울림이 깨끗하고 충분한 소리를 내지 못합니다.

활대

융의 한쪽 모서리를 활털과 활대 사이에 끼워 감싸주면
활털을 건드리지 않고 활대를 닦을 수 있습니다.

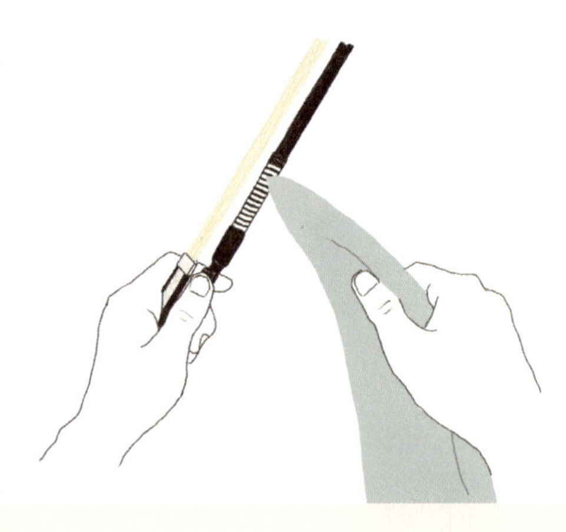

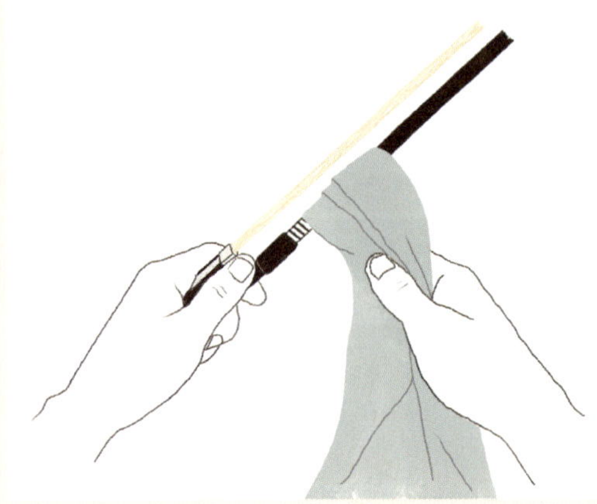

그림 17 , 18

줄

지판에서 브릿지 방향으로 여러 번에 걸쳐 가볍게
쓸어내리듯이 닦아줍니다.

그림 19

지판 위, 몸통의 앞판

지판과 브릿지 사이로 융의 한쪽 모서리를 통과시킨
후 줄과 지판 사이에 얇게 끼워 지판 위를 닦아줍니다.
이어서 지판 아래로 이동해 몸통 앞판의 윗부분을
닦아주고, 브릿지를 지나서는 줄걸이틀 아래로 통과해
닦아줍니다.

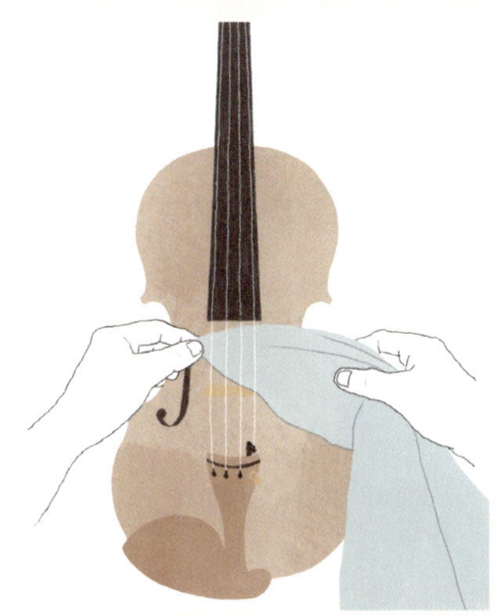

그림 20, 21

몸통의 옆판과 뒤판, 목과 머리

몸통의 옆판은 특히 송진 가루가 많이 쌓이는 지판과
브릿지 사이 부근을 꼼꼼히 닦아줍니다. 이어서 몸통의
뒤판과 손이 자주 닿는 목과 머리 순으로 마칩니다.

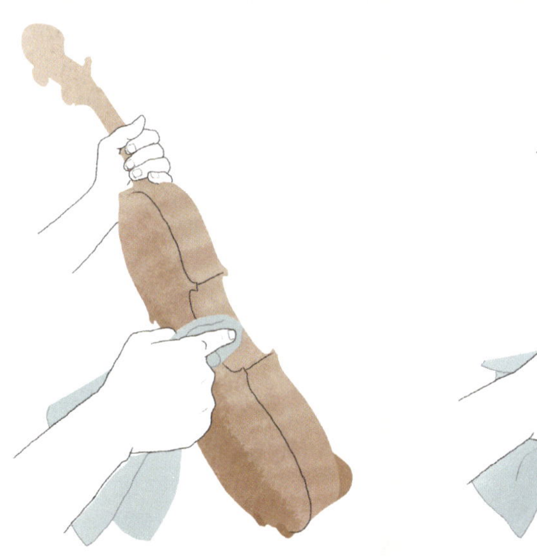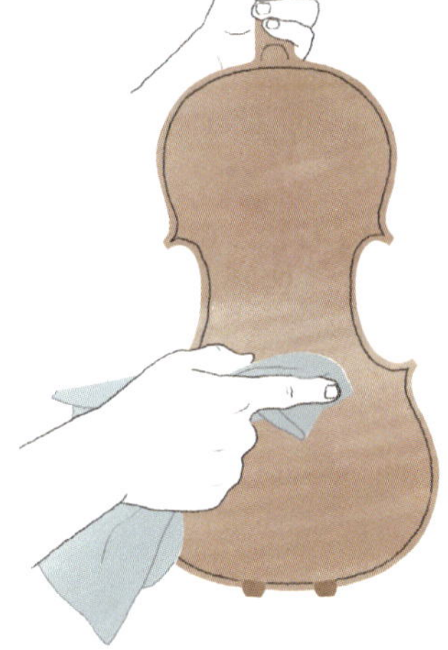

그림 22, 23

악기 관리하기

바이올린은 줄을 제외한 대부분이 나무로 만들어져 외부의 자극과 충격에 약하고 온도와 습도 차에 민감하게 반응합니다. 즉, 악기의 상태는 소리와 직결됩니다. 따라서 연주자는 좋은 소리를 내기 위해 주법에 대한 이해와 실기에 힘쓸 뿐만 아니라, 악기를 외부로부터 보호하고 적정한 온도(18~24도)와 습도(40~60%)의 환경을 유지하는 데도 신경을 써야 합니다.

악기 관리의 예

외부의 자극과 충격

강렬한 햇빛이나 눈, 비 등의 직접적인 노출을 피하고 온열 기구에서 멀리해 악기의 표면이 손상되지 않도록 합니다. 또한, 악기에 충격이 가해지면 정렬이 흐트러지고 균열이 생기거나 부서질 수 있으니 부딪히거나 떨어뜨리지 않도록 주의합니다. 악기를 사용하지 않을 때는 케이스 안에 넣어 안전한 위치에 보관합니다.

온도와 습도 차

악기는 나무의 성질 그대로 팽창하거나 수축합니다. 적정한 온도와 습도가 유지되지 않는 공간, 특히 여름철과 겨울철 밀폐된 차 안에 악기를 두지 않습니다.
습도 관리는 제습기와 가습기를 사용하는 것이 효과적입니다. 만약 기기 준비가 어렵거나 외출 시 악기를 적절치 않은 환경에 둘 경우를 대비해 케이스 안에 제습제를 넣어두거나 악기에 알맞게 고안된 습기 보충 제품을 사용합니다.

악기의 이상 신호와 해결

그림 24 , 25

그림 26 , 27

브릿지는 지판을 따라 곧게 정렬되어 팩과 줄걸이틀로부터 4줄의 위치를 중심 잡습니다. 또한, 4줄의 압력을 지지함과 동시에 줄의 떨림을 몸통의 앞판에 전달해 주는 역할을 하며, 기울기가 수직으로 세워집니다.

만약 외부의 충격으로 브릿지가 삐쳐 나가거나 팩의 당김으로 인해 기울기가 휘어지면 몸통의 앞판이 손상될 수 있습니다. 또한, 4줄의 음정을 정확히 맞추기 어렵고 저음과 고음의 균형이 깨지며 충분한 울림이 나지 않습니다. 항상 악기를 다루기 전 브릿지의 정렬과 기울기 상태를 확인하며, 문제가 생기면 악기사에 방문해 교정을 받거나 휘어짐이 심한 경우 새 브릿지로 교체합니다.

브릿지

지판

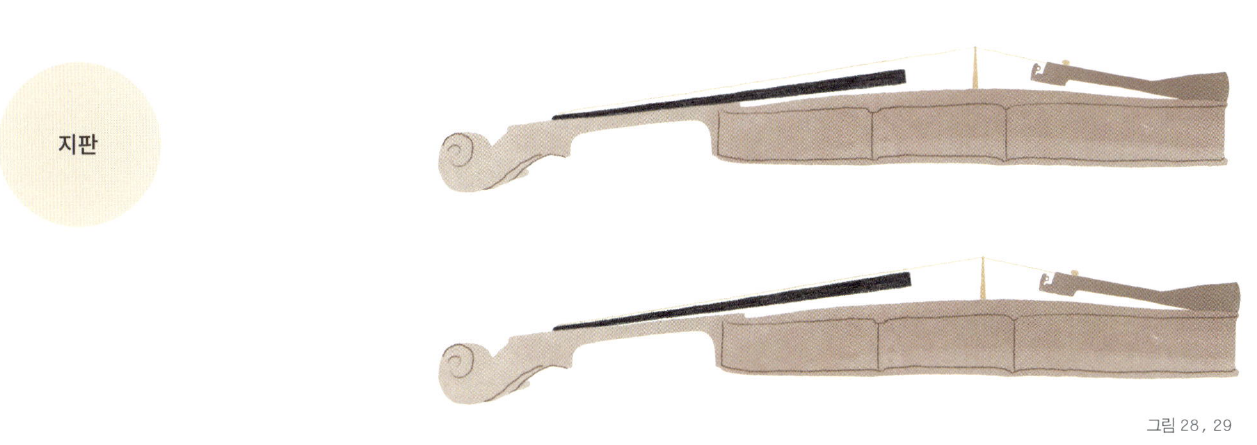

그림 28 , 29

줄을 짚을 때 불편함이 있다면 줄과 지판 사이가 너무 멀거나 가깝지 않은지 확인합니다. 습도가 너무 높으면 지판이 낮아지고, 반대로 습도가 너무 낮으면 지판이 높아집니다. 지판이 낮아지면 브릿지를 깎아 적절한 높이로 맞춥니다. 반대로 지판이 높아지면 그에 알맞은 브릿지로 교체해 사용합니다. 그러나 정도가 심한 경우 넥(Neck) 수리로 진행할 수 있으니 평소 악기 관리에 소홀하지 않도록 합니다.

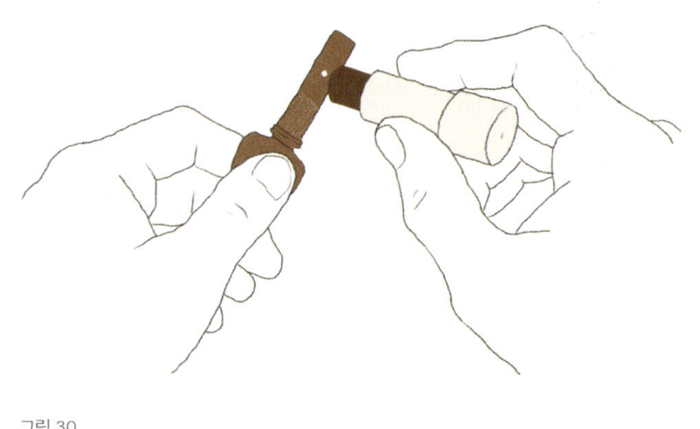

그림 30

팩이 잘 돌아가지 않는 이유는 지나친 습기로 인해 팩과 팩을 끼운 구멍이 부풀어졌기 때문입니다. 반대로 습기가 부족하면 팩과 팩을 끼운 구멍이 수축해 줄이 쉽게 풀립니다.

원칙적으로는 습도가 정상 범위에 들 때까지 충분히 시간을 갖고 습기를 제거하거나 보충해 주는 것이 우선이지만, 당장 연습해야 하는 상황이라면 다음과 같은 방법을 취합니다.

먼저 줄을 완전히 풀어준 후 팩이 잘 돌아가지 않을 때는 양초나 팩 컴포지션 제품을 발라주고, 반대로 팩이 풀릴 때는 분필(초크)이나 팩 컴파운드 제품을 발라줍니다.

만약 습도가 정상 범위에 있는 데도 계속 풀린다면 오랜 시간 팽창과 수축이 반복되면서 팩과 팩을 끼운 구멍이 더 이상 맞지 않는 것이므로 악기사에 방문해 새 팩으로 교체합니다.

악기에 충격이 가해지거나 적정한 온도와 습도가 유지되지 않으면 몸통 옆판의 이음새 부분이 떨어집니다. 벌어진 틈으로 울림이 새어 나가 좋은 소리를 기대하기 어렵고, 장시간 방치하면 악기가 변형될 수 있습니다. 다만, 눈으로 쉽게 확인되지 않기 때문에 소리에 이상이 느껴지거나 평소 악기 관리에 소홀했다고 여겨지면 악기사에 방문해 점검을 받도록 합니다.

그림 31

활은 활대와 활털의 상태로 확인할 수 있습니다. 활대는 나무로 만들고, 활털은 말총을 가공해 만듭니다. 정상적인 활의 상태는 활털을 조였을 때 활 밑부터 활 끝까지 활대가 곧고, 활털은 적당한 탄력을 갖습니다. 또한, 활대를 옆으로 돌려 정면으로 놓고 봤을 때 활대의 가운데 부분이 살짝 들어간 모양입니다.

그림 32

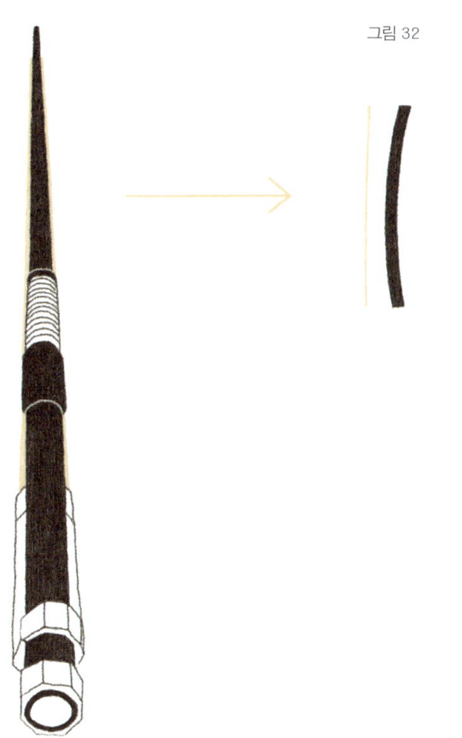

만약 조이개를 오른쪽으로 지나치게 돌려 활대가 일자가 되는 상태를 반복하면 활털은 극도로 팽팽해졌다가 탄력을 잃고, 활대 또한 휘어집니다.

활털을 조이는 이유는 줄에 대응하기 위해서입니다. 활대의 가운데 부분을 기준으로 활털과 활대 사이에 약 1cm 정도의 간격을 두어 너무 느슨하지도, 너무 팽팽하지도 않게 합니다.

마찬가지로 외부의 자극과 충격에 쉽게 손상되고 균열이 생기거나 부서질 수 있습니다. 또한, 온도와 습도에 취약해 여름철에는 활대의 부피가 커지고 활털이 늘어지는 반면, 겨울철에는 활대의 부피가 줄고 활털은 팽팽해집니다. 늘 세심한 관리가 필요하며 철저히 주의를 기울여야 합니다.

악기 구매 시 확인 사항

- 구성품 확인하기(바이올린, 활, 어깨받침, 송진, 융)
- 악기 표면에 손상이나 균열 또는 부서진 곳이 있는지
- 몸통 옆판의 이음새 부분에 벌어진 틈이 있는지
- 브릿지의 정렬이 바르고, 기울기가 수직인지
- 줄과 지판 사이의 거리가 너무 멀거나 가깝지 않은지
- 팩이 잘 돌아가고 고정이 되는지
- 활털이 잘 조여지고 풀리는지
- 활대가 곧고, 활털의 양이 충분하며 탄력이 있는지

연주의 우선순위

우리가 삶에서 느끼는 여러 감정은 자기 고유의 음악성을 내포합니다. 때문에 자칫 음악을 감정의 활동이라 여길 수 있겠지만, 우리 몸의 신체적 영역과 그 기능을 통하지 않고선 결코 쉽게 발휘되지 않습니다. 연주자에게 많은 시간의 연습과 훈련의 과정이 필요한 이유 또한 그렇습니다. 연주란, 악기를 다루는 실기적 측면에서 자신의 신체적 영역과 그 기능의 조건을 기반으로 곡에 대한 구상에서 비롯해 자신의 감정을 드러낼 수 있는 구조이기 때문입니다. 여기서 신체적 영역은 바른 자세를 기준으로 하며, 이를 바탕으로 한 신체 기능의 원활한 동작의 흐름을 주법의 실행이라 할 수 있습니다.

바른 자세

연주자들은 악기를 다루기에 앞서 운동선수와 마찬가지로 몸의 정렬과 균형을 살펴 자세를 바르게 준비합니다. 정렬은 신체의 모든 부분이 각각 알맞게 제자리를 갖춘 것을 말하며, 이로써 부분에서 전체로 하나의 연결된 몸은 균형의 상태에 이릅니다. "기분이 좋다"라는 말은 심리적 상태뿐만 아니라 몸의 정렬과 균형으로 인한 '기의 분할이 좋다'라는 의미로, 우리 몸의 신체적 반응이기도 합니다. 또한, 감각적으로 기민한 상태가 되어 의식적으로 깨어 집중할 수 있으며, 새로운 주제에 대해 명료하게 받아들이는 수용적 태도를 지닐 수 있습니다.

정렬과 균형은 어떻게 이루어지는가?

자세를 바르게 갖추기 위해 신체의 각 부분을 하나씩 열거하며 많은 주의 사항을 지켜야 한다면 매우 부담스럽고 부자연스러울 것입니다. 다행히 우리 몸은 200여 개의 뼈와 그 뼈를 감싸고 있는 근육으로 아주 정교하게 이루어져 있으며, 그에 대해 정렬과 균형을 이루는 기능 또한 갖추었습니다. 따라서 스스로에게 방해가 되는 불필요한 긴장이나 통제의 습관을 멈추고 올바른 의식을 가지면 정렬과 균형이 자연스럽게 일어나 자세를 바르게 할 수 있습니다. 이제 우리에게 필요한 것은 올바른 의식을 심어줄 뼈와 근육에 대한 이해입니다.

뼈와 근육에 대한 이해

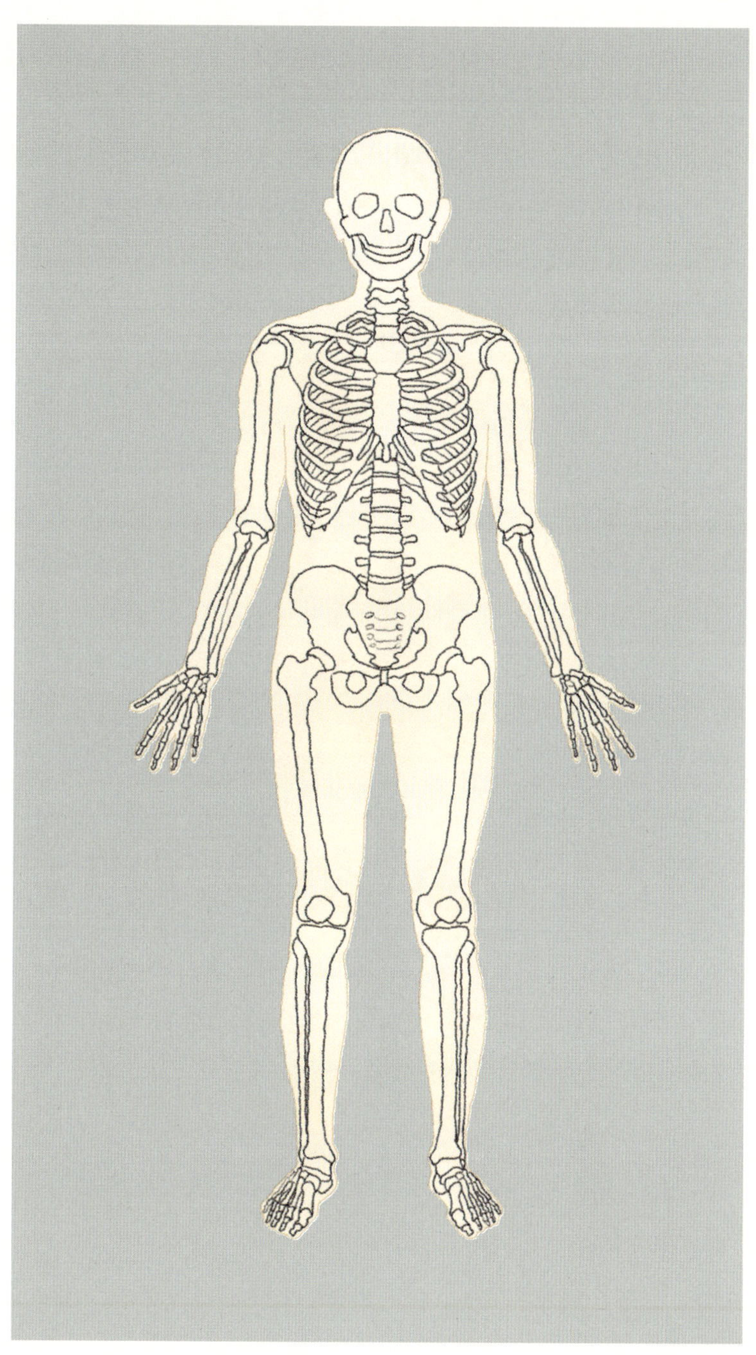

그림 33

뼈, 골격의 구조 우리 몸은 지지기반인 양발과 두 다리의 하체, 하체와 연결되어 몸의 중심을 이루는 골반, 골반의 중심에 세워진 척추를 축으로 몸통과 머리, 양팔이 붙어 있는 구조입니다. 즉, 하늘을 향해 지면을 지지하고 양쪽으로 균형을 이룬 모습입니다. 실제로 내 몸이 이러한 구조로써 존재함을 자주 떠올리면, 명확한 의식 속에서 다양한 자세와 동작의 원리에 대해 이해의 폭을 넓힐 수 있을 것입니다.

근육의 기능은 이완과 수축입니다. 이완과 수축은 에너지의 흐름으로 해석할 수 있습니다. 이완은 내쉬는 호흡을 통해 에너지를 비우는 것으로 골격의 정렬과 균형을 의식하기 위함이며, 수축은 이완된 상태에서 들이마시는 호흡을 통해 에너지를 끌어들이는 것으로 이해합니다.

이러한 근육의 두 작용은 골격의 정렬과 균형을 바탕으로 그 기능을 수행하는 것이지, 그 자체로 자세를 취하는 것은 아닙니다. 만약 어떠한 자세를 취할 때 과도한 긴장감이나 불편함, 또는 불안정한 느낌이 든다면 그 이유는 골격의 정렬과 균형을 채 이루기 전에 근육의 기능에 의존해 자세를 갖추고자 했기 때문입니다. 올바른 의식의 순서로 전환하지 않으면 매번 자세를 갖출 때마다 불필요한 힘을 갖게 되고, 이를 무시하고 연습하면 경직된 상태로 인해 잘못된 동작의 습관으로 굳어지게 됩니다.

이러한 까닭에 입문 단계에서 가장 많이 듣는 말이 "힘을 빼라"는 얘기일 것입니다. 문제는 아무리 힘을 빼려 애를 써도 다시 불필요한 힘을 주게 된다는 것입니다. 노력해도 고쳐지지 않는 어려움과 답답함을 느끼면서 연습 과정에 흥미를 잃거나 자칫 스스로 한계를 지어 학습의 가능성을 빨리 포기하기도 합니다.

여기 아주 쉽고 간단하게 힘을 빼는 방법을 소개합니다. 이를 통해 잘못된 습관을 고칠 수 있고 다른 긴장된 상황에서 좀 더 편안한 상태에 이를 수 있습니다. 예컨대, 평소 걷거나 뛸 때 내 몸이 하나의 덩어리로 움직인다고 가정해 봅시다. 온몸에 힘이 잔뜩 들어가고 무겁게 느껴질 것입니다. 이때 앞서 살펴본 골격의 이미지를 떠올려봅니다. 이러한 의식의 힘은 즉각적으로 근육의 이완 작용을 일으켜 불필요한 힘을 덜어냅니다. 또한, 골격의 정렬과 균형을 통해 자세를 바르게 하고 자율적인 신체 활동을 가능하게 합니다. 즉, 불필요한 힘에 대한 조절은 근육에 대한 관점이 아닌 뼈, 골격의 구조에 대한 의식에서 실행되는 것입니다.

이처럼 뼈와 근육은 서로의 이해와 목적을 뒷받침해 올바른 자세와 동작의 기초가 되며, 나아가 올림픽 무대에서 빛을 발하는 선수들처럼 악기를 다루는 우리가 다양한 활동의 에너지를 경험하는 데 뜻이 있습니다.

관절의 운동과 가동 범위

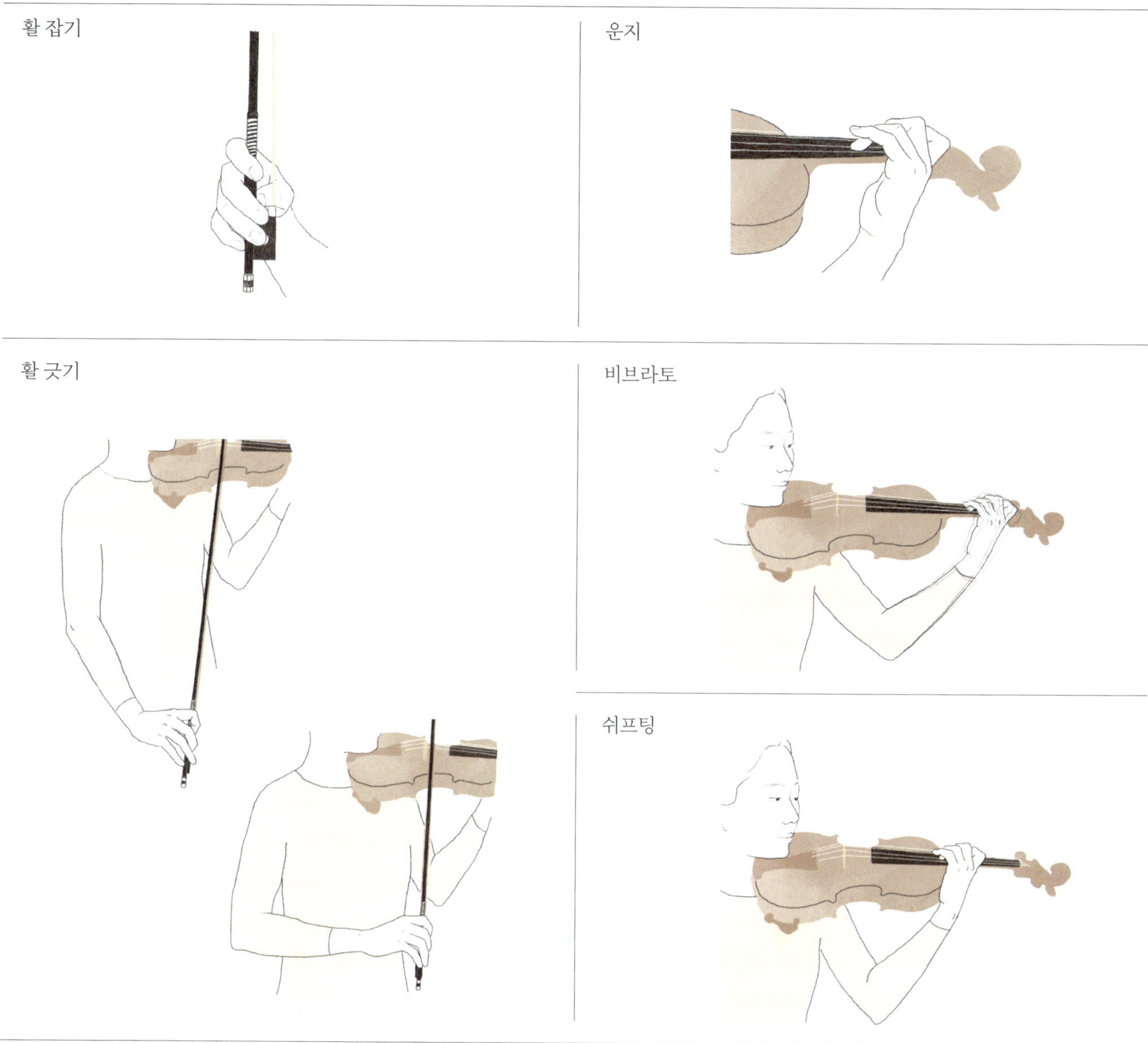

바이올린의 모든 주법은 관절의 운동을 통해 이루어집니다. 손가락을 구부려 활을 잡고 줄을 짚을 수 있으며, 팔꿈치를 폈다 구부려 활 긋기와 비브라토, 쉬프팅을 합니다. 또한, 가동 범위의 크기에 따라 다양한 주법을 구사할 수 있습니다. 활 긋기의 경우 가동 범위가 작은 손목과 손가락 관절은 활을 짧게 긋거나 팅기는 주법에 적용합니다. 반면 가동 범위가 큰 팔꿈치와 어깨관절은 비교적 긴 활을 그을 수 있으며, 빠른 활은 물론 전반적인 활의 속도를 폭넓게 조절할 수 있습니다.

당연한 얘기처럼 들릴 수 있지만, 이러한 이해 과정이 필요한 이유는 예컨대, 준비 운동 단계에서 각 관절의 가동 범위를 인식하는 과정을 통해 본 운동의 목적에 알맞은 자세와 동작을 실행할 수 있듯이 곡의 흐름에 따른 다양한 주법의 필요성에 대해 어느 관절로 실행해야 하는지 올바르게 의식하는 차원입니다. 주법이 요구하는 범위에 대해 관절의 운동 범위가 맞으면 자세와 동작이 바르고 자연스러우며, 연주자의 몸은 그(그녀)의 음악과 함께 리듬이 되고 악상이 됩니다.

기본자세에 대한 이해

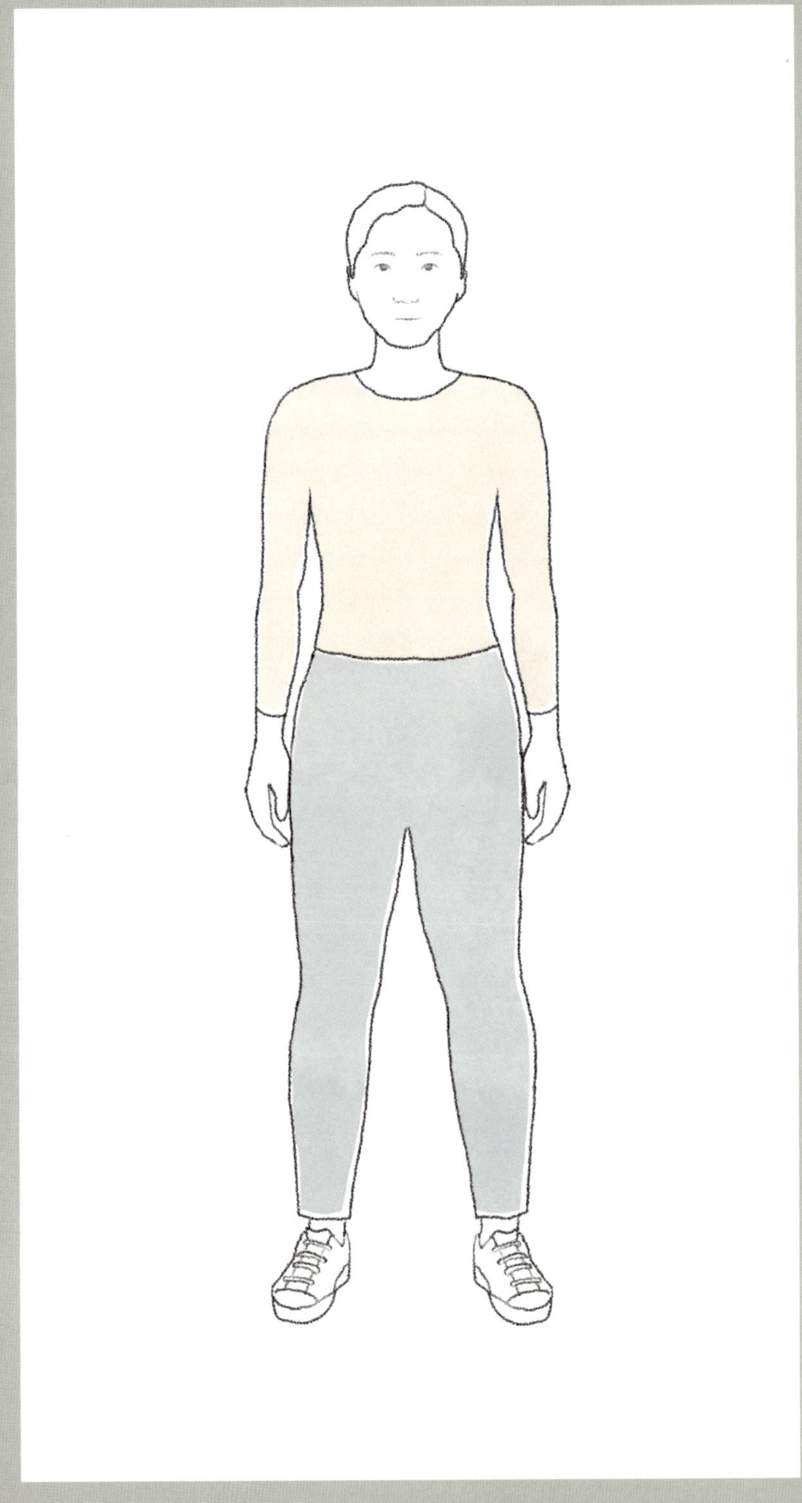

그림 40

기본자세는 모든 활동의 목적에 대해 바른 자세를 뜻하며, 그 목적에 따르는 정렬과 균형의
조건을 통해 신체 기능의 통합성을 기대할 수 있는 상태를 말합니다.

자세와 무게중심, 신체 기능의 실행 관계

입문 단계에서 자세를 강조하는 이유는 그것이 활동의 기초가 되며, 그만큼 흐트러지기 쉽기
때문입니다. 자세가 흐트러지기 쉬운 이유는 몸의 무게중심이 몸통에 있기 때문입니다. 몸통에는
우리 몸의 주요 장기들이 있습니다. 주요 장기들이 담겨 있는 몸통이 아래로 쳐지면 정렬과
균형이 무너져 몸은 금방이라도 흐트러진 자세를 취하게 됩니다. 곧 경직된 상태가 되어 원활한
동작의 흐름을 기대하기 어렵습니다. 특히나 입문자의 경우 주법에 대한 명확한 이해를 갖지 못해
잘못된 습관으로 굳어질 가능성이 커집니다. 따라서 바른 자세를 갖춰 원활한 동작의 흐름을
이어가기 위해서는 몸통의 무게중심 잡기를 첫 번째로 실행해야 합니다.

서 있는 자세에서 무게중심 잡기

앞서 살펴본 대로 우리 몸은 하늘을 향해 지면을 지지하고 양쪽으로 균형을 이루는 구조입니다.
이에 따라 정수리의 방향을 하늘로 향하게 두고, 지면을 향해 양발을 디디면 자연스럽게 몸통의
무게중심을 잡을 수 있습니다. 또한, 정수리의 방향이 하늘로 향함에 따라 턱 끝이 살짝 당겨져
자신의 눈높이에 맞게 정면을 바로 응시할 수 있습니다.
이러한 방향의 분명함은 단순히 자세를 갖추는 것에 그치지 않고 몸의 흐름을 허용하는 것입니다.
충분히 확장된 신체 길이와 부피 면적을 통해 몸에 대한 실재감을 가짐으로써 자신이 머무는
공간에서 자율적인 활동과 그 즐거움을 얻기 때문입니다.
방향이 옳게 주어지면 힘은 적절한 곳에 쓰입니다. 그러나 방향을 잃으면, 다시 말해 무게중심을
잡는 데 필요한 힘이 엉뚱한 곳에 머물면 자세를 온전히 갖추지 못할 뿐만 아니라 경직된
상태로 인해 기능적인 활동에 어려움을 겪게 됩니다. 연습 때와 달리 무대에서 실수하는 이유
또한 심리적 긴장감 때문이기도 하지만, 실제로는 몸의 방향성을 잃고 위축된 자세를 취했기
때문입니다.
자세를 바르게 취해야 한다는 건 누구나 알고 있습니다. 그러나 자세를 바르게 유지하는 힘이
무엇인지 아는 것만이 그 실행을 가능하게 할 것입니다. 몸통의 무게중심 잡기는 양발과
정수리로부터 몸의 흐름을 방향 지어 서 있는 자세뿐만 아니라, 모든 기본자세에 대해 바른
자세의 상태를 유지하고 원활한 신체 활동을 가능하게 하는 가장 근본적이고 실질적인 힘입니다.

그림 41

바이올린의 연주 자세는 서 있는 자세를 기반으로 악기와의 관계성을 요구합니다. 무게중심 잡기를 통해 몸을 바르게 세우되, 악기가 놓이는 방향을 따라 주법을 실행하는 양팔의 자세와 그에 따른 양발 자세의 조건을 받아들이는 것입니다.

양팔의 자세는 악기를 중심으로 합을 이룹니다. 왼팔은 악기 아래에 위치하며, 손가락이 줄 가까이에 오도록 팔꿈치를 몸통 안으로 향하게 합니다. 활과 연결된 오른팔은 악기 위, 줄과의 접점에 위치하며, 활의 모든 범위에서 줄의 떨림을 일으킬 수 있도록 팔꿈치를 몸통 바깥으로 빠지지 않게 합니다. 이때 양팔의 팔꿈치 방향이 몸통 바깥으로 빠지지 않아야 하는 이유는 줄에 대한 접근성 때문입니다. 다시 말해, 양팔의 자세는 주법을 실행하기 위해 줄에 대한 접근성을 이해하는 것이라 할 수 있습니다.

서 있는 자세에서 양발을 골반 또는 어깨너비로 벌린 후 발끝을 살짝 턴 아웃 하고, 오른발을 뒤로 조금 뺍니다. 이때 양발은 무게중심에 대한 지지를 통해 양팔의 기능적 상태를 돕고 활동 공간을 마련합니다. 양발을 벌리는 동작을 통해 몸통으로부터 양팔을 사용하기에 충분한 공간이 열리기 때문입니다. 또한, 턴 아웃 한 발끝은 양팔의 팔꿈치 방향을 자연스럽게 몸통 안으로 이끌어 줄에 대한 접근성을 돕습니다. 이어서 오른발을 뒤로 조금 빼면 악기의 방향과 어우러지고 원활한 활 긋기의 실행을 기대할 수 있습니다.

때때로 연습 중에 지면과 맞닿은 양발을 의식해 봅니다. 묵묵히 자리를 지키고 서 있을 뿐이라지만 어쩐지 그 자체로는 앎이 부족하다고 여겨집니다. 양팔의 기능적 상태를 돕고 활동 공간을 마련해 주며, 양팔의 올바른 자세 방향과 원활한 동작의 실행을 이끌어주는 의미에서 바라본다면 연주자에게 양발은 자신에게 주어진 가장 값진 무대, 그라운드일 것입니다. 매일의 하루를 살아가듯이 저마다 보고 듣고 느끼는 모든 것을 마음껏 펼칠 기회가 주어지는 셈입니다.

먼저 왼손으로 악기 몸통의 윗부분을 부드럽게 감싸 잡고, 오른손은 몸통의 아랫부분을 받쳐 안정감 있게 준비합니다.

그런 다음 정수리의 방향을 하늘로 향하게 두고, 양발을 골반 또는 어깨너비로 벌려 발끝을 살짝 턴 아웃 합니다.

오른발을 뒤로 조금 뺌과 동시에 악기가 놓이는 방향을 따라 고개를 약 45도 방면으로 돌립니다.

그림 42 , 43

먼저 왼손으로 악기 몸통의 윗부분을 부드럽게 감싸 잡고, 오른손은 몸통의 아랫부분을 받쳐 안정감 있게 준비합니다.
그런 다음 정수리의 방향을 하늘로 향하게 두고, 양발을 골반 또는 어깨너비로 벌려 발끝을 살짝 턴 아웃 합니다. 이어서
오른발을 뒤로 조금 뺌과 동시에 악기가 놓이는 방향을 따라 고개를 약 45도 방면으로 돌립니다.

시선을 멀리 두어 악기가 놓일 자리를 의식하고 같은 방향으로 악기를 들어
올립니다. 이때 악기를 잡은 손가락과 손목의 힘으로 무리하게 악기를 끌어올리지
않습니다. 오른손 받침의 도움을 받아 어깨관절의 회전운동을 바탕으로 위팔을
들어 올리는 방식으로 동작을 가볍게 실행합니다. 악기는 몸의 굴곡을 따라 살짝
비스듬하게 기울어진 상태입니다.

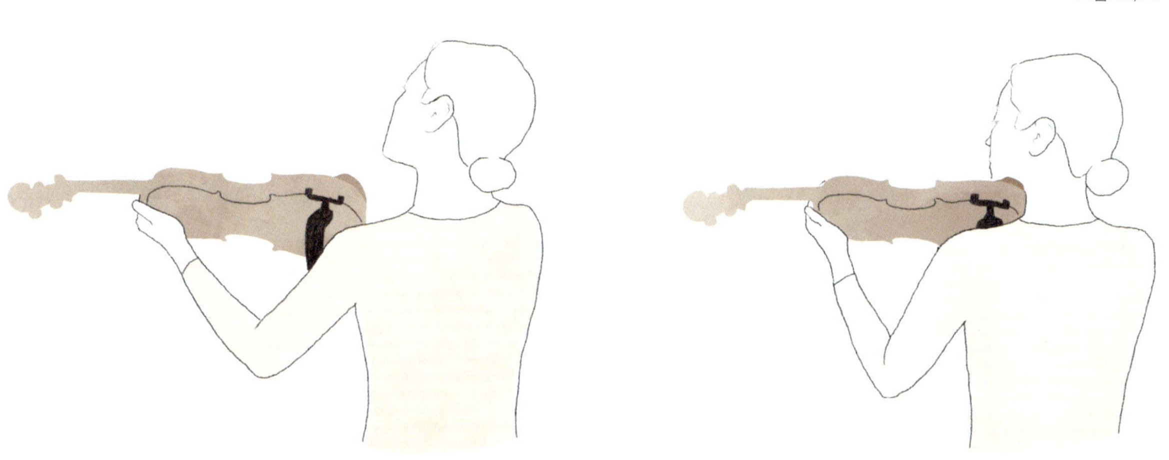

턱을 들어 악기가 자리할 공간을 열어줍니다. 이어서 팔꿈치를 구부려 자신의
몸통 쪽으로 악기를 가까이 데려온 후 왼쪽 턱 아래로 깊숙이 넣어 엔드핀이 목에
닿으면 턱받침 위에 턱을 내려놓습니다. 이때 고개가 아래로 숙여지거나 위로
들린다면 어깨받침의 양쪽 나사의 높이를 조절합니다. 자신의 목 길이에 알맞게
맞추면 정수리의 방향이 하늘로 향하고 턱 끝이 살짝 당겨집니다. 이로써 머리의
무게를 자연스럽게 실을 수 있으며, 목과 어깨에 긴장된 상태를 일으키지 않습니다.
만약 어깨받침이 불편하게 느껴진다면 설정된 각을 수정해 내 몸에 더 편안하게
일치하는 지점을 찾도록 합니다.

그림 48

머리의 무게를 실을 수 있으면 왼손을 떼고 어깨받침과 턱받침,
두 접점으로 악기를 지탱합니다. 악기를 지탱하는 연습이
충분히 선행되지 않으면 악기를 손으로 받치거나 힘주어 잡는
버릇이 생기기 때문입니다.
악기를 올려놓는 자세가 바른지 확인하는 기준은 어깨받침과
내 몸이 일치하는지, 그리고 악기의 머리가 바닥과
평행한지입니다. 또는 악기의 머리가 살짝 위로 향해도
좋습니다. 악기의 머리가 아래로 처지면 줄의 경사가 심해져
활이 미끄러집니다.
악기 올려놓기를 반복하는 과정에서 주의할 점은 연주자인
내가 악기에 끌려가지 않아야 한다는 것입니다. 악기에
일방적으로 맞추려는 태도는 스스로 긴장감을 부추겨
자세를 흐트러트리고, 자세가 흐트러진 상태에서 맺은
불분명한 접점은 결국 악기와의 관계를 불편하게 이끌고 가기
때문입니다.
이렇듯 올바른 주법은 악기와 나의 관계성에서 시작됩니다.
어느 한쪽으로 치우친 관점이 아닌 악기와 나,
두 대상을 기준으로 주법을 이해한다면 스스로 얻게 되는
훌륭한 피드백을 통해 한층 더 풍부한 배움을 경험할 수 있을
것입니다. 악기 올려놓기를 익히는 동안 다음 장에서 줄에
대하여 살펴봅시다.

바이올린의 4줄

4줄의 구성

바이올린의 줄은 가장 음이 낮고 두꺼운 솔줄부터 차례로
레줄, 라줄, 미줄로 이어집니다. 줄과 줄 사이의 간격은
완전 5도로 이루어지며, 각 줄에 설정된 계이름을 시작으로
4줄의 음계를 구성합니다.

조율하기

바이올린의 줄은 피아노의 줄만큼 단단히 고정되지
않습니다. 또한, 각 줄에 설정된 시작음이 맞지 않으면
4줄의 음계를 구성할 수 없으므로 악기를 다루기 전 줄과
줄 사이의 간격, 즉 4줄의 음정이 맞는지 확인합니다.
4줄의 음정을 맞추는 과정을 조율이라고 하며, 영어로는
튜닝(Tuning)이라고 합니다.

그림 49, 악보 1

줄의 상태

조율하기 전 브릿지와 함께 줄의 상태를 살펴봅니다.
줄이 벗겨지거나 엉켜 있으면 끊어질 위험이 있고 음정을
맞추기가 쉽지 않습니다.

그림 50, 51

줄 교체하기

줄이 벗겨지면 새 줄로 교체합니다. 줄의 한쪽 끝을 줄걸이틀
구멍에 통과시켜 반대쪽 끝에 달린 동그란 쇠붙이로 고정한 후
악기의 머리 부분으로 끌고 와 팩에 뚫린 구멍에 끼워 감아줍니다.

그림 52

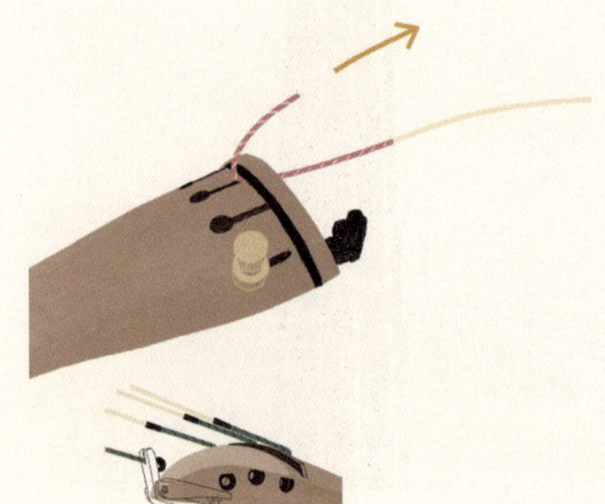

그림 53, 54

그림 55

줄 바르게 감기

줄이 엉켜 있으면 팩을 천천히 돌려 엉킨 부분을 풀어준 후
조금씩 안으로 밀어 넣어 줄을 안쪽에서 바깥쪽으로 고르게
감아줍니다. 적당히 줄을 감으면 손가락으로 튕겨 음을 확인하고,
팩을 돌려 4줄에 설정된 시작음에 근접하게 맞춥니다. 피아노나
튜너(Tuner) 기기 또는 애플리케이션의 도움을 받을 수 있습니다.

그림 56

팩 쥐는 자세

라줄

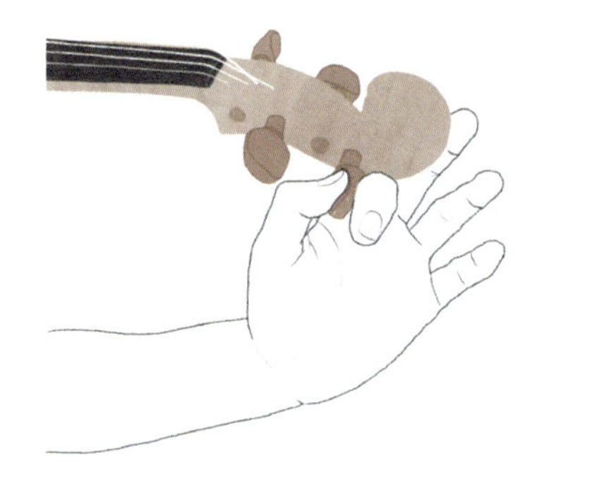

레줄

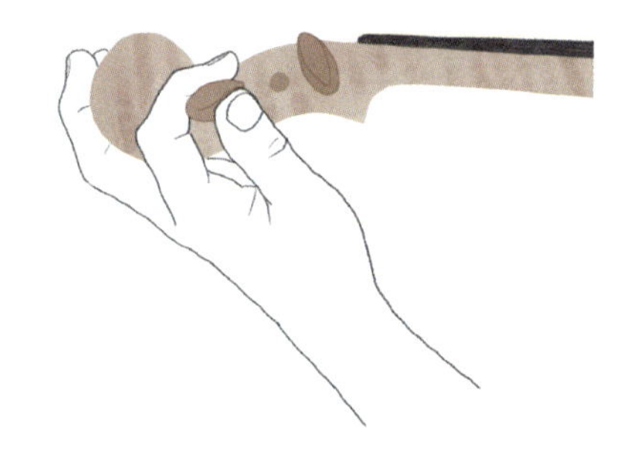

솔줄

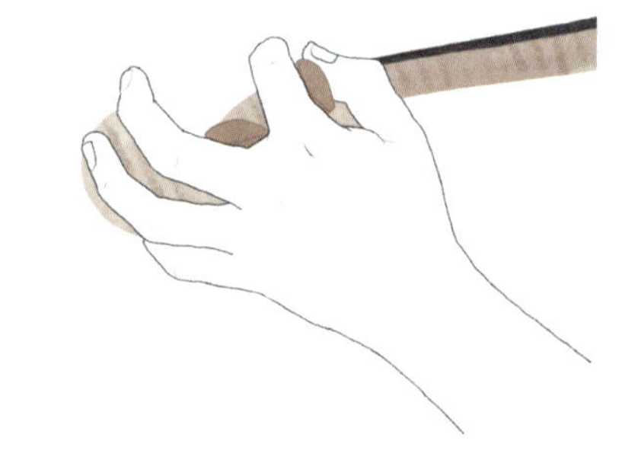

미줄

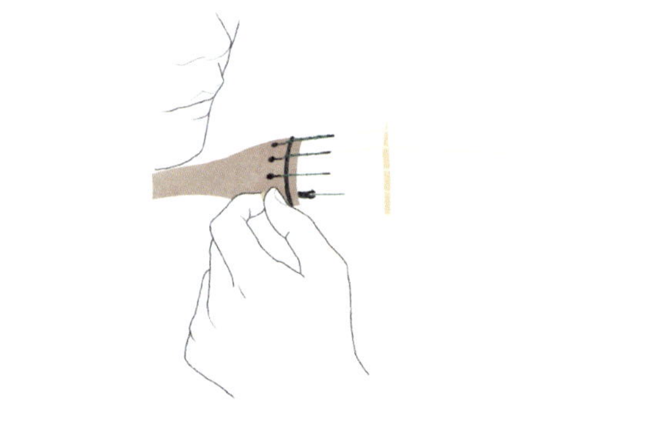

그림 57, 58, 59, 60

조율하는 순서

라줄- 계이름 '라'의 정확한 음정을 기준으로 라줄의
음높이를 맞춥니다.
레줄- 조율된 라줄을 기준으로 레줄의 음높이를 맞춥니다.
솔줄- 조율된 레줄을 기준으로 솔줄의 음높이를 맞춥니다.
미줄- 조율된 라줄을 기준으로 미줄의 음높이를 맞춥니다.

4줄에 설정된 시작음에 근접하게 맞추면 위 순서에 따라
다시 활로 정확하게 조율합니다. 라줄의 경우, 먼저 계이름
'라'의 정확한 음정을 피아노나 튜너, 애플리케이션을
통해 듣고 활로 소리 내 라줄의 음높이를 파악한 후 팩을
쥐는 자세를 취해 줄을 감거나 풀어줍니다. 이어서 조율된
라줄을 기준으로 레줄의 음높이를 맞추는 방식입니다.
미줄의 경우에는 줄걸이틀에 달린 조리개를 사용해 미세한
음의 높낮이를 손쉽게 조절합니다.
처음에는 한 줄씩 그어 조율하지만, 4줄의 각도 차에
익숙해지면 두 줄씩 그어 조율합니다. 기준음과 맞추고자
하는 음, 두 음의 울림이 가장 분명하고 깨끗하게 소리
날 때 줄과 줄 사이는 완전 5도의 음정을 이루게 됩니다.
그러나 이제 막 배우기 시작한 입문자가 양손으로 조율하는
것은 무리입니다. 줄에 대한 이해와 더불어 팩을 쥐는 자세,
활 긋기가 충분히 익혀질 때까지 선생님이나 주위의 도움을
받습니다. 다만, 조율하는 데 차질이 없도록 악기 관리에
소홀하지 않습니다.

개방현과 개방음

악보 2

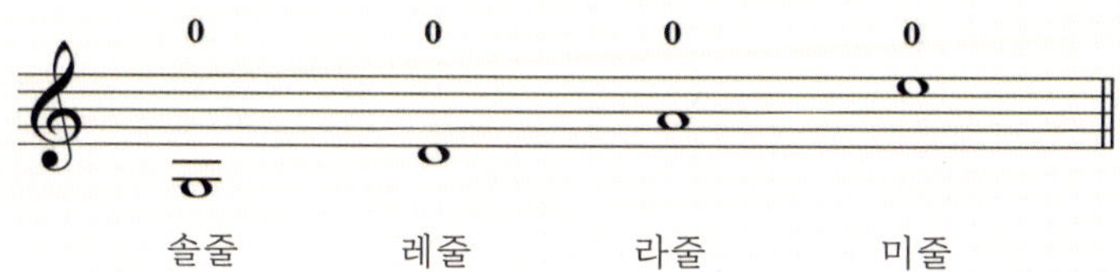

개방현(Open string)은 손가락을 짚지 않은 상태의 줄을
말합니다. 조율을 마치고 아무 손가락도 짚지 않은 상태의
4줄은 모두 개방현인 셈입니다. 개방현을 소리 낼 때의
음을 개방음이라 하며, 악보에는 아무 손가락도 짚지 않은
의미로 0번으로 표시합니다.

피치카토로 알아보는 4줄의 텐션

손가락으로 줄을 튕겨 소리 내는 주법을 말합니다. 악보에는 줄여서 pizz.로
표시하고, 피치카토를 하다가 arco가 표시된 부분에서 활을 긋습니다.

**피치카토를
실행하는 방법**

그림 61, 62

피치카토는 활을 내려놓거나 잡은 상태에서 실행합니다. 먼저 활을 내려놓은
상태에서는 위와 같이 지판의 모서리를 엄지손가락으로 받친 후 검지손가락
끝을 줄에 걸었다가 당김과 동시에 떼줍니다. 나머지 손가락은 자연스럽게
구부려줍니다.

그림 63

활을 잡은 상태에서도 실행 방법은 같습니다. 활을 긋다가 악보에 pizz.가 표시되면
지판의 끝부분으로 이동해 검지손가락 끝을 줄에 걸었다가 당김과 동시에
떼줍니다. 이때 검지손가락을 제외한 나머지 손가락은 활을 잡은 모양 그대로
유지합니다.

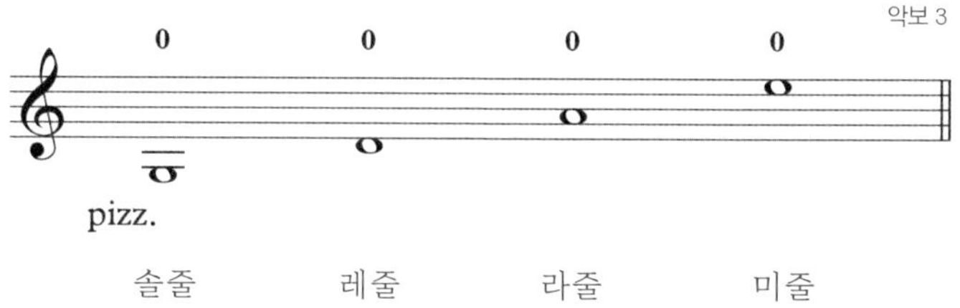

아직 활 잡기를 배우기 전이므로 지판의 모서리를 엄지손가락으로 받친 후 솔줄부터 미줄까지 차례대로 4줄의 개방현을 여러 번 튕겨봅니다. 왼손은 악기 몸통의 윗부분을 부드럽게 감싸 안정감을 취합니다.

처음에는 줄의 떨림을 통해 소리의 울림이 전달되고 그 음정이 솔, 레, 라, 미라는 것을 알 수 있습니다. 그다음에는 음의 높낮이에 따라 울림의 느낌이 달라진다는 것을 알 수 있습니다. 예컨대 음이 높아질수록 울림이 팽팽하게 느껴지고, 반대로 음이 낮아질수록 울림이 느슨하게 느껴집니다.

이러한 느낌은 줄의 장력, 즉 텐션(Tension)이라는 성질에 영향을 받기 때문입니다. 4줄 각각의 텐션 상태를 기준으로 설명하자면 음이 높을수록 줄이 팽팽하고, 반대로 음이 낮을수록 줄이 느슨합니다.

졸음이 올 때 솔줄에서 미줄 방향으로 튕겨봅시다. 느슨하다가 점점 팽팽해지는 텐션의 변화에 한순간 잠이 깨는 경험을 하게 될 것입니다. 반대로 스트레스를 받거나 긴장 상태일 때 미줄에서 솔줄 방향으로 튕겨봅시다. 팽팽하다가 점점 느슨해지는 텐션의 흐름 속에서 한결 편안한 느낌이 들 것입니다.

이처럼 현악기 연주가 흥미로운 이유는 바로 이 4줄의 텐션을 느낄 수 있기 때문입니다. 느슨함에서 팽팽함으로, 팽팽함에서 느슨함으로 이어지는 4줄의 텐션 범위를 조절할 수 있을 때 우리는 현악기 연주자로서 주법을 실행하는 묘미를 느끼며, 바이올린의 드라마틱한 매력을 충분히 즐길 수 있습니다.

포지션과 음계에 대한 이해

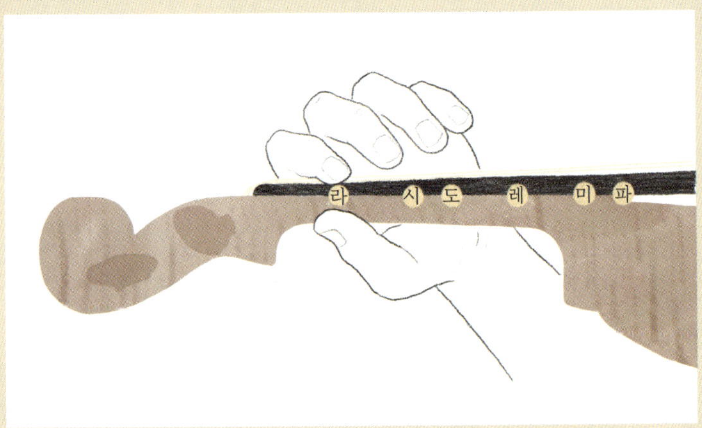

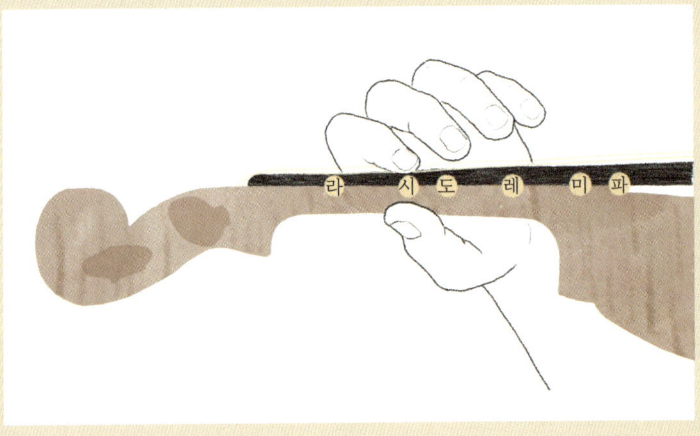

그림 64, 65

포지션은 운지번호 1번인 검지손가락의 위치로 이해할 수 있습니다. 위와 같이
솔줄에서 개방현 솔(0번) 다음인 '라'를 1번으로 짚으면 1포지션을 뜻합니다.
1포지션의 음계는 라-시-도-레입니다. 두 번째 음인 '시'를 1번으로 짚으면
2포지션입니다. 2포지션의 음계는 시-도-레-미입니다. 같은 방식으로 세 번째
음인 '도'를 1번으로 짚으면 3포지션의 음계를 진행할 수 있습니다.
이 책에서는 먼저 4줄의 1포지션 음계를 바탕으로 양팔 주법의 기초를 다진 후
포지션 간의 이동을 실행하는 쉬프팅 주제를 통해 음계의 폭을 넓히는 방법을 배울
예정입니다.

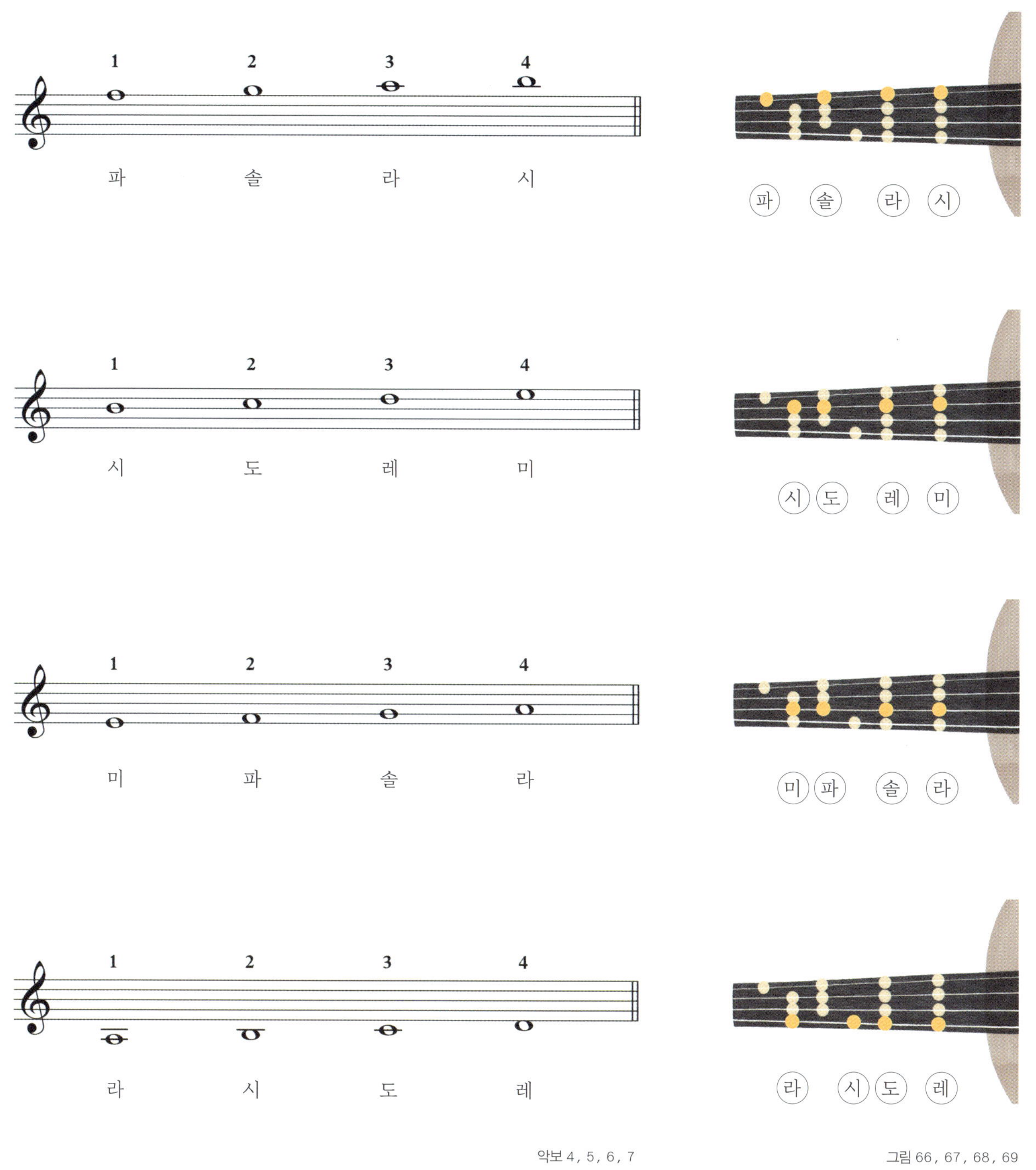

악보 4, 5, 6, 7   그림 66, 67, 68, 69

모든 포지션에서 기본적으로 익혀야 할 음계는 도레미파솔라시도(CDEFGABC, 다라마바사가나다)의 제자리음입니다. 반음 관계인 미와 파, 시와 도는 음과 음이 접해 손가락 사이를 붙여 짚고, 나머지 온음 관계는 두 음 사이에 반음을 두어 손가락 사이를 벌려 짚습니다.

#(샤프)이나 ♭(플랫)이 설정되면 반음과 온음 관계가 달라집니다. #은 반음을
올리고, ♭은 반음을 내리라는 뜻입니다. 이에 따라 붙인 손가락을 떼어주거나 벌린
손가락 사이를 붙여줍니다. 아래의 예를 살펴봅시다.

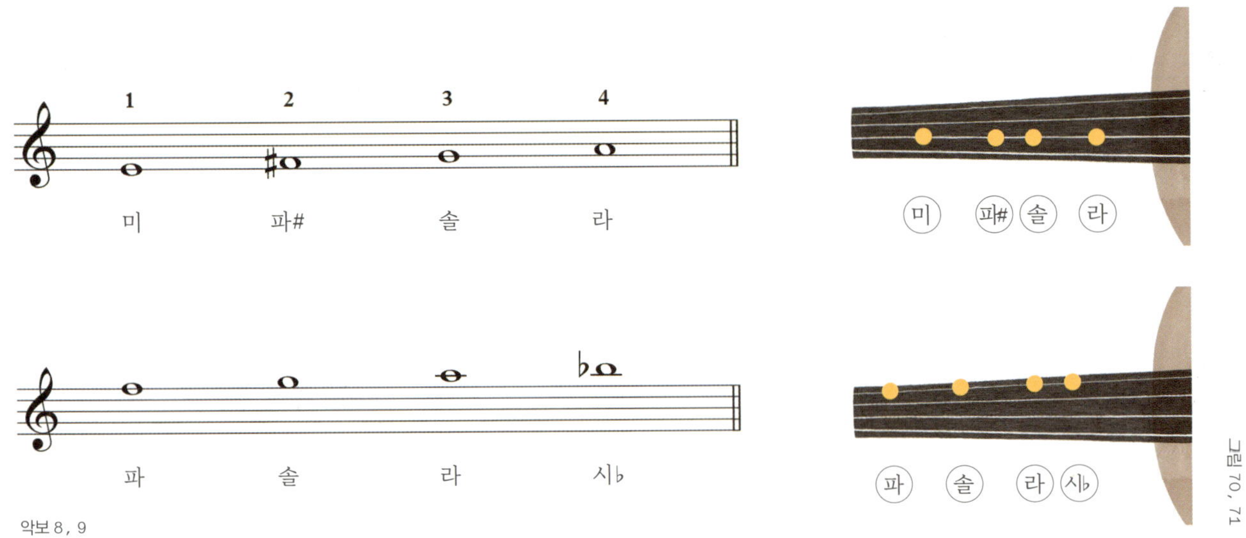

악보 8, 9

또한, #이나 ♭이 설정된 상태에서 원래의 제자리음으로
돌아갈 때는 ♮(내추럴)이 표시됩니다.

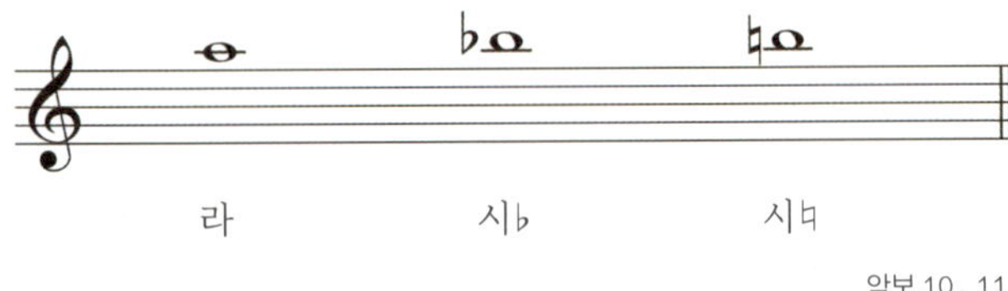

악보 10, 11

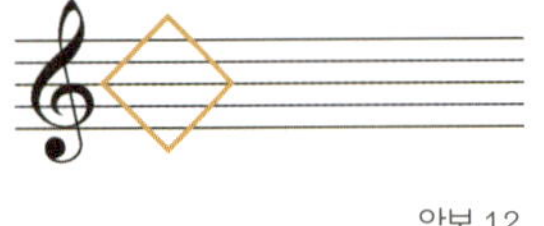

악보 12

참고로 <악보 12>와 같이 조표에 #이나 ♭이 설정되면
곡 전체에 적용되며, 위와 같이 음표에 붙여진 임시표는
해당 마디 안에서만 적용됩니다.

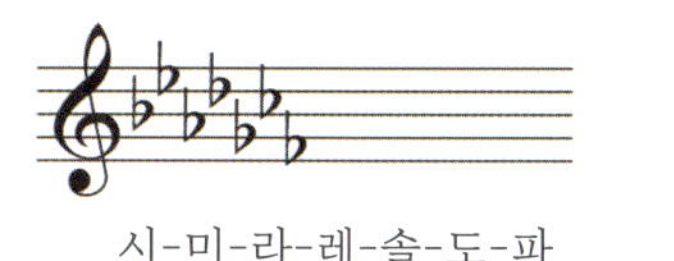

악보 13, 14

음계를 표시하는 방법

조율을 마친 상태에서 기타를 연주하는 자세처럼 악기를 오른쪽 옆구리에
끼워 팔로 감싸 안은 후, 왼손의 엄지손가락과 검지손가락 사이로 악기의 목을
가볍게 쥐어 준비합니다. 그런 다음 오른손 엄지손가락으로 4줄의 개방현을 튕겨
들어봅니다. 개방음의 다음 음이 연상될 것입니다. 그 음정을 기억해 운지번호
1번인 검지손가락을 시작으로 음의 위치를 탐색하고, 줄을 튕겨 음정을 확인하면
스티커를 붙여 표시합니다.

양팔 주법에 대하여

윈팔 주법에 대하여

오른팔 주법에 대하여

왼팔 주법에
대하여

왼팔의 기본자세에 대한 이해

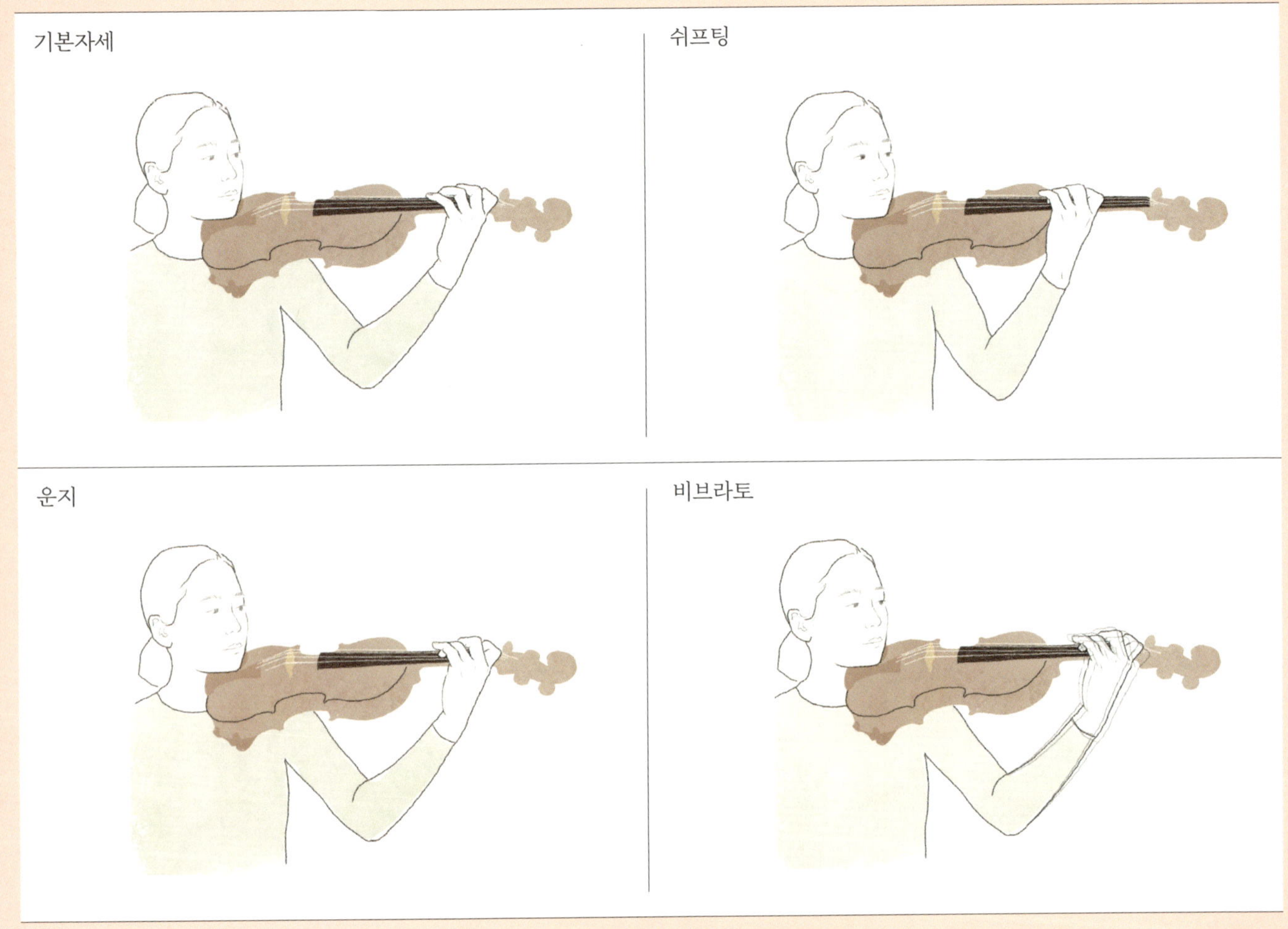

그림 72, 73, 74, 75(시계 반대 방향)

우리가 왼팔의 주법에서 익혀야 할 것은 기본자세, 운지, 비브라토, 쉬프팅입니다.
이 4가지 주제는 단계적인 배움을 거쳐 하나의 통합된 기능으로 실행됩니다. 예컨대
왼팔의 기본자세를 갖춰 손가락으로 줄을 짚는 것을 운지라 합니다. 이어서 운지한
음을 떨리게 하는 것을 비브라토, 운지와 비브라토를 다양한 포지션에서 다루는
것을 쉬프팅이라 합니다. 이처럼 각각의 주제는 별개로 분리된 개념이 아니라
왼팔의 기본자세를 바탕으로 실행됩니다. 따라서 주법의 공통된 주제로써 왼팔의
기본자세를 바르게 이해하는 것은 나머지 주제의 요점을 명확히 받아들이고,
나아가 하나의 통합된 기능을 이루기 위한 왼팔 주법의 가장 중요한 전제가 됩니다.

앞서 살펴본 대로 왼팔의 기본자세는 손가락이 줄 가까이에 오도록 팔꿈치를 몸통 안으로
향하게 합니다. 이때 팔꿈치의 방향 설정을 어깨관절의 회전운동을 통해 실행해야 합니다.
단순히 팔꿈치를 몸통 안으로 집어넣는 방식으로 자세를 취하면 겨드랑이와 몸통 사이가
붙기 때문입니다. 이는 곧 악기와의 대등한 관계에서 충분한 자리를 차지하지 못함을
의미합니다. 아래 <그림 76>을 기준으로 이해할 수 있습니다.
이 경우 실제로 1번 손가락의 위치가 높아집니다. 또한, 왼팔이 경직되어 4줄의 각도를
섭렵하지 못합니다. 구체적으로 4줄의 음계 위치에 대한 손가락의 접근성이 떨어져 운지의
실행이 지체됩니다. 특히 새끼손가락을 짚을 때 어려움이 따르는데, 팔꿈치를 좀 더 몸통
안으로 집어넣는다 해도 연주의 흐름 안에서 적용할 수 있는 경우는 극히 제한적이며, 더
큰 긴장감을 유발하기 때문에 효과적이지 않습니다. 뒤늦게 겨드랑이와 몸통 사이를 뗀다
해도 왼팔 전체로의 경직된 상태가 해결되지 않습니다.
입문 단계의 초기에는 비교적 쉬운 곡을 접하기 때문에 큰 문제를 느끼지 못할 수 있지만,
점차 곡의 난이도가 높아져 풍부한 표현력을 익히고 발휘해야 할 때 기본적인 음정조차
처리하지 못하게 됩니다. 이로써 곡의 완성도가 매우 낮아질 뿐만 아니라 비브라토와
쉬프팅 주제로 나아가지 못한 채 진도가 더뎌져 흥미를 잃게 됩니다. 게다가 왼팔은 악기
아래에 위치해 잘 보이지 않기 때문에 이러한 원인을 주법의 어려움이나 자신의 신체
조건을 탓하는 문제로 오인할 수 있습니다.
예컨대 무용수의 우아한 팔과 섬세한 손끝의 움직임은 보다 가동 범위가 큰 관절의
움직임으로부터 파생된 것이라 할 수 있습니다. 이와 마찬가지로 어깨관절의 회전운동은
운지를 실행하는 직접적인 요인은 아니지만, 악기와의 대등한 관계를 맺고 왼팔을
편안한 상태로 만들어 운지, 비브라토, 쉬프팅의 원활한 실행을 돕습니다. 따라서 왼팔의
기본자세를 갖출 때 팔꿈치를 몸통 안으로 집어넣으려 애쓰지 말고,
어깨관절의 회전운동을 떠올려 마치 무용수의 왼팔처럼 우아하고
근사한 제스처를 취해봅시다. 자세의 시작점은 어깨관절입니다.

그림 76

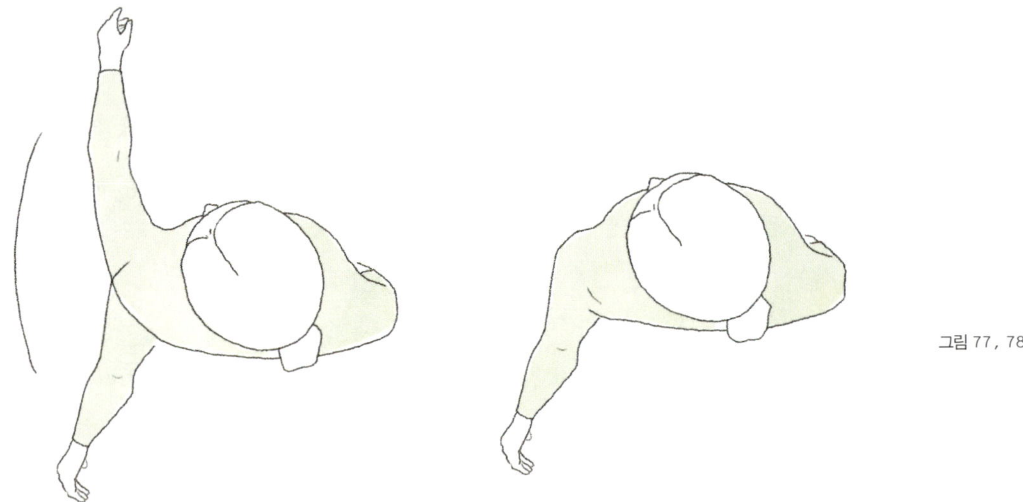

그림 77 , 78

알맞은 접점의 위치

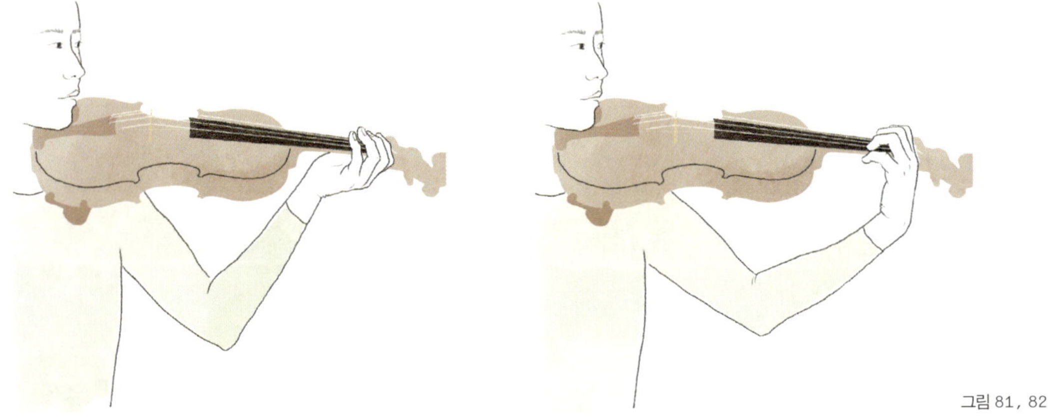

그림 81 , 82

만약 접점의 위치가 너무 높거나 낮으면 예컨대, 검지손가락을
기준으로 둘째 마디나 셋째 마디에 접하면 손목을 받치거나 꺾어
자세가 비틀어집니다. 즉, 줄과의 관계를 대신해 손가락이 하늘을
향하거나 성난 표정을 한 채 연주자의 얼굴을 향하는 꼴입니다.
또한, 결정적으로 손가락을 알맞게 구부릴 수 없으므로 운지의
실행에 적합하지 않습니다.

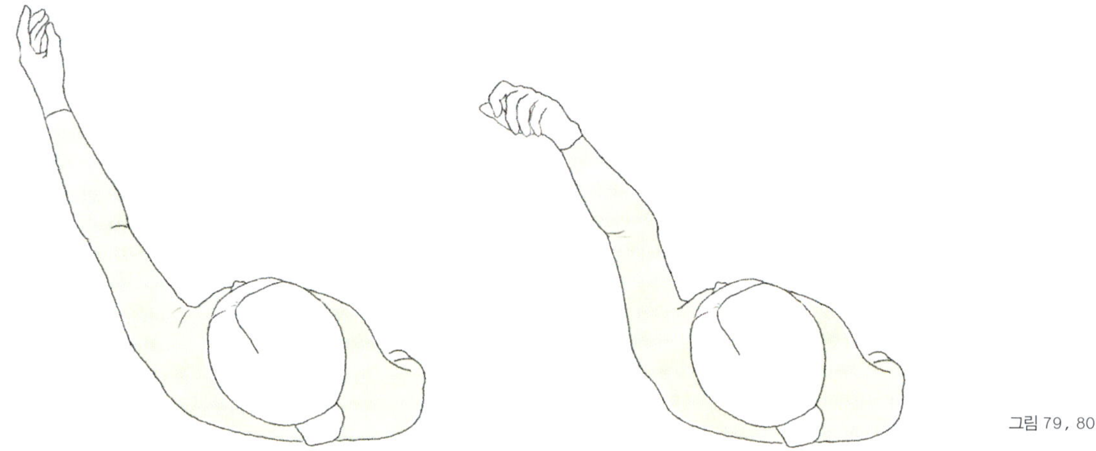

그림 79 , 80

먼저 왼팔을 가볍게 흔들어 어깨관절의 가동 범위를 인식하면서 긴장감을
풀어줍니다. 이어서 왼팔을 뒤로 살짝 당겼다가 악기가 놓이는 방향을 따라
회전함과 동시에 팔꿈치를 구부려주면 팔꿈치의 방향이 자연스럽게 몸통 안으로
향하고, 아래팔이 회전함에 따라 악기의 목을 비스듬하게 감싸는 왼손의 모양이
연출됩니다.

위와 같이 동작을 익히고 나면 악기를 올려놓고 실행합니다. 운지와 비브라토,
쉬프팅을 실행하기 위해서는 왼손의 접점이 필요합니다. 악기의 목을 비스듬하게
감싸는 모양 그대로 검지손가락을 기대고 이에 대응해 엄지손가락으로 받쳐줍니다.
엄지손가락은 솔줄의 1번 스티커 자리쯤에 위치하면 적당하고, 검지손가락의
접점이 미줄에 닿아도 괜찮습니다.

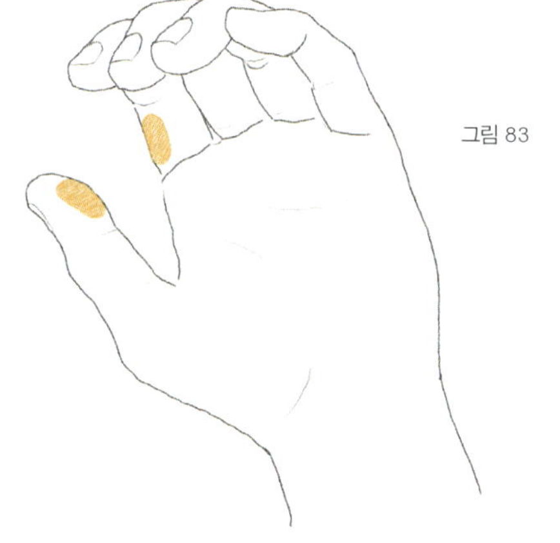

그림 83

알맞은 접점의 위치는 마디와 마디 사이, 쿠션감이 느껴지는 살
부분입니다. 마디와 마디 사이의 쿠션감 있는 부분을 의식해
악기의 목을 비스듬하게 감싸는 모양으로 두 접점을 기대고 받칠
때, 네 손가락은 줄을 향해 자연스럽게 구부러진 상태를 취할 수
있습니다.

이처럼 어깨관절의 회전운동으로부터 알맞은 접점의 위치를
찾아 마무리하는 것으로 왼팔의 기본자세를 잡습니다. 왼팔은
안정적이고 여유로운 느낌의 V형을 띠며, 아무 손가락도 짚지
않은 개방현(0번) 상태에서 엄지손가락과 네 손가락은 쉬게
됩니다.

그림 84

왼손의 두 접점은 마치 자동차에 달린 바퀴처럼 네 손가락의
위치를 나타내고, 네 손가락을 이동시키는 역할을 합니다. 네
손가락의 위치를 나타내는 역할을 접점의 포지셔닝, 네 손가락을
이동시키는 역할을 접점의 쉬프팅이라 할 때 네 손가락은 접점의
쉬프팅을 통해 낮은 포지션과 높은 포지션 사이를 오갈 수 있으며,
접점의 포지셔닝을 통해 각 포지션에서 4줄의 음계를 실행할 수
있습니다.

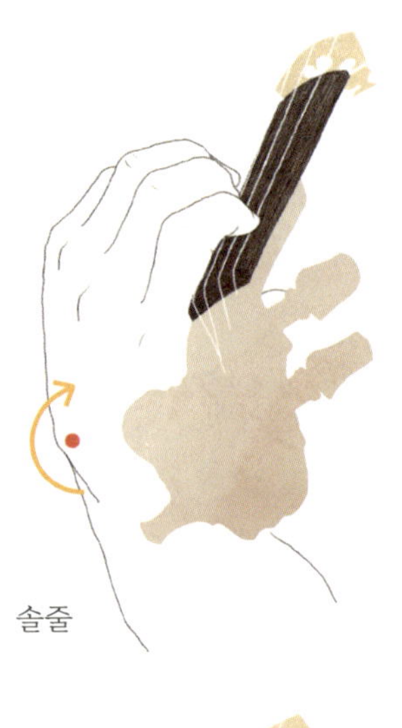

솔줄

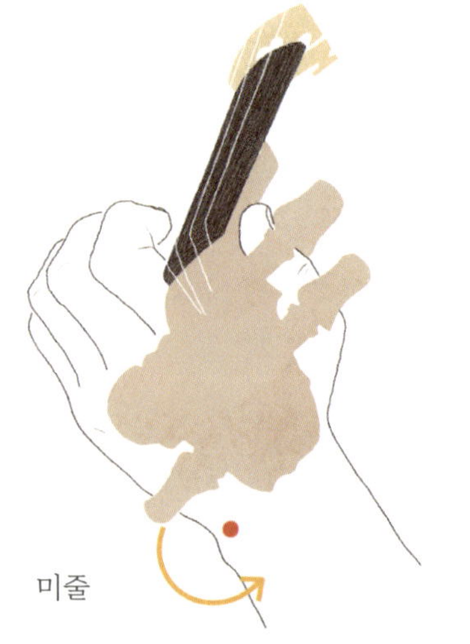

미줄

그림 85 , 86

또한, 4줄의 각도에 따라 기울기를 조절해 운지를 실행하고자
하는 줄 위에 손가락이 위치하도록 도와줍니다. 즉, 손가락은
스스로 줄과 줄 사이를 오르거나 내리지 않습니다. 연주자의
시점을 기준으로 예컨대, 솔줄에서 운지를 실행하려면 두 접점을
왼쪽으로 기울여 손가락이 솔줄 위에 위치하게 하고, 미줄에서
운지를 실행하려면 두 접점을 오른쪽으로 기울여 손가락이 미줄
위에 위치하게 합니다.
이때 실제로 접점의 기울기를 실행하는 부분은 손목입니다. 줄과
줄 사이의 각도 차가 매우 좁고, 관절의 가동 범위 또한 매우
작으므로 미세한 움직임을 통해 기울기 조절이 가능합니다.
따라서 4줄에 대한 왼팔의 기본자세가 하나의 각도로 굳어지지
않도록 항상 두 접점을 부드럽게 유지하며, 손목이 유연하게
움직이도록 합니다. 팔꿈치는 각도가 크게 바뀌지 않되, 고정된
자세를 취하지 않으며 두 접점과 손목의 움직임에 자연스럽게
따릅니다.

운지

올바른 운지는 왼팔의 기본자세에서 결정되는데, 손가락을 자연스럽게 구부린
상태에서 줄을 짚거나 떼는 것을 말합니다. 손가락을 자연스럽게 구부린 상태는
운지를 실행하는 데 있어 손가락의 탄력성이 필요하다는 뜻입니다.

운지번호에 대한 해석

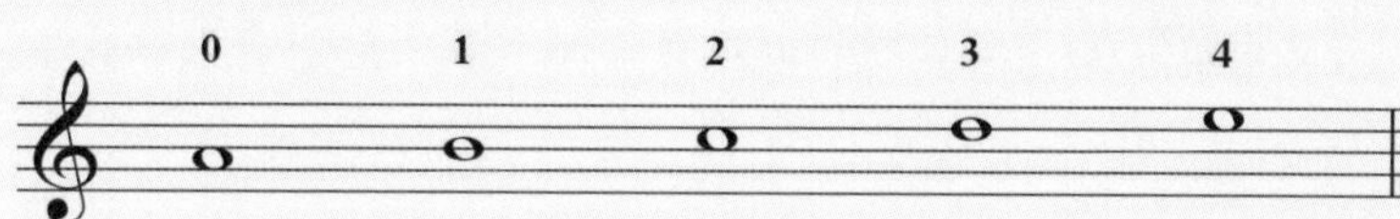

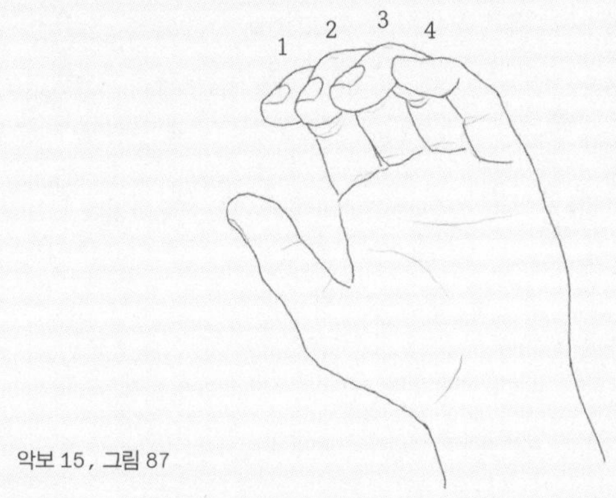

악보 15, 그림 87

음표에 표시된 0, 1, 2, 3, 4는 네 손가락의 운지번호를 뜻하며,
동시에 각 손가락에 필요한 탄력성의 강도로 해석합니다. 각
손가락의 다르게 요구되는 탄력성의 강도는 아래 <그림 88>을
통해 이해할 수 있습니다.

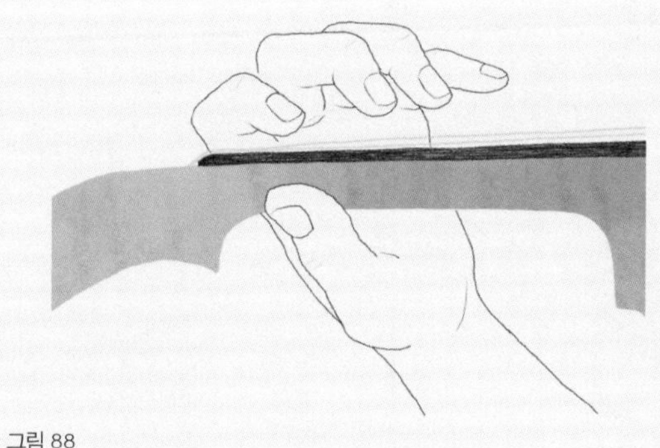

그림 88

운지번호 1번, 검지손가락은 엄지손가락과 마주하고 줄과 지판
사이가 가까우므로 필요한 탄력성의 강도가 낮습니다. 그만큼
쉽게 운지할 수 있습니다. 반면 4번, 새끼손가락은 손가락의
길이가 짧은 데다 엄지손가락과의 대응 거리뿐만 아니라, 줄과
지판 사이 또한 비교적 멀기 때문에 필요한 탄력성의 강도가
높습니다.

운지번호와 접점의 회전운동

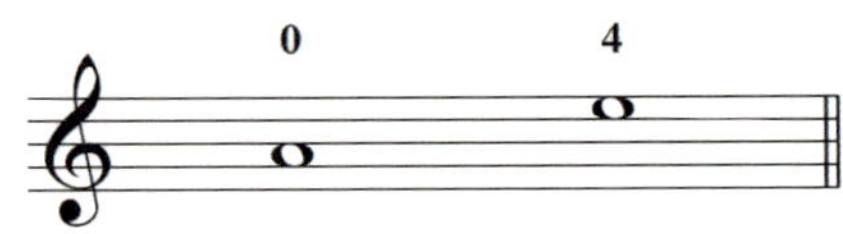

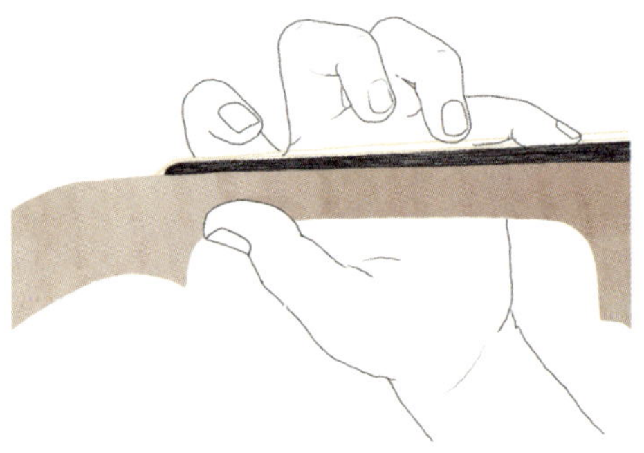

악보 16, 그림 89

왼손의 두 접점은 포지셔닝과 쉬프팅, 4줄의 각도에 대한 기울기 조절과 함께 해석된 운지번호의 실행을 돕습니다. 예컨대, <악보 16>과 같이 운지번호가 0번에서 4번으로 진행되면 <그림 89>와 같이 두 접점을 시계 방향으로 회전합니다. 새끼손가락은 접점의 회전운동을 바탕으로 알맞은 탄력성을 갖춰 음계의 위치에 도달하고, 엄지손가락은 네 손가락의 대응 구조로써 새끼손가락을 짚을 때 지지하는 힘이 가장 커집니다.

이때 실제로 접점의 회전운동을 실행하는 부분은 아래팔입니다. 흔히 하는 실수로, 아래팔을 사용하지 않고 새끼손가락을 곧장 뻗어 짚거나 팔꿈치를 좀 너 몸통 안으로 집어넣는 방식으로 운지를 실행하면 왼팔이 경직되어 테크닉을 제대로 구사하지 못합니다. 그뿐만 아니라 때때로 곡을 채 마치기도 전에 에너지가 소진됩니다.

이처럼 접점의 회전운동에 대한 이해를 갖추면 특히 입문 단계에서 새끼손가락의 사용을 기피하지 않고, 상대적으로 높은 강도에 따른 개별적 훈련의 필요성을 수용해 기초를 탄탄히 다질 수 있습니다.

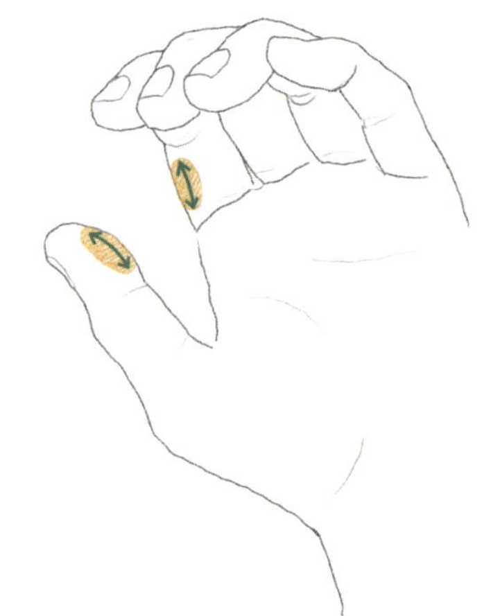
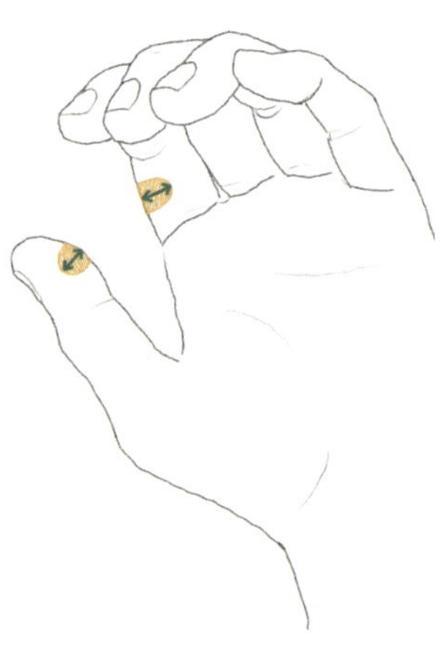

그림 90, 91

<그림 90>은 4줄의 각도에 따른 접점의 기울기 궤도, <그림 91>은 네 손가락의 운지번호에 따른 접점의 회전운동 궤도입니다.

악보 17, 18, 19, 20

그림 92

접점의 기울기와 회전운동을 바탕으로 악보의 운지번호와 매칭되는 지판의 스티커 자리를 솔줄에서 미줄 방향, 미줄에서 솔줄 방향으로 짚어봅니다. 예컨대 1번 손가락의 경우 라-미-시-파, 파-시-미-라 순으로 진행합니다. 먼저 접점의 기울기를 통해 1번 손가락을 솔줄의 각도에 맞춰 준비한 후 '라'를 짚었다 떼고 이어서 접점의 기울기를 통해 레줄로 이동해 '미'를 짚었다 떼는 방식입니다. 주의할 점은 줄을 짚었다 뗄 때 손가락 마디를 완전히 펴 손끝이 위로 뻗는 동작을 하지 않는 것입니다. 항상 손가락을 줄을 향해 자연스럽게 구부린 상태로 유지하며, 새끼손가락은 다른 손가락과 동등한 운지 수준을 위해 좀 더 많은 연습을 합니다.

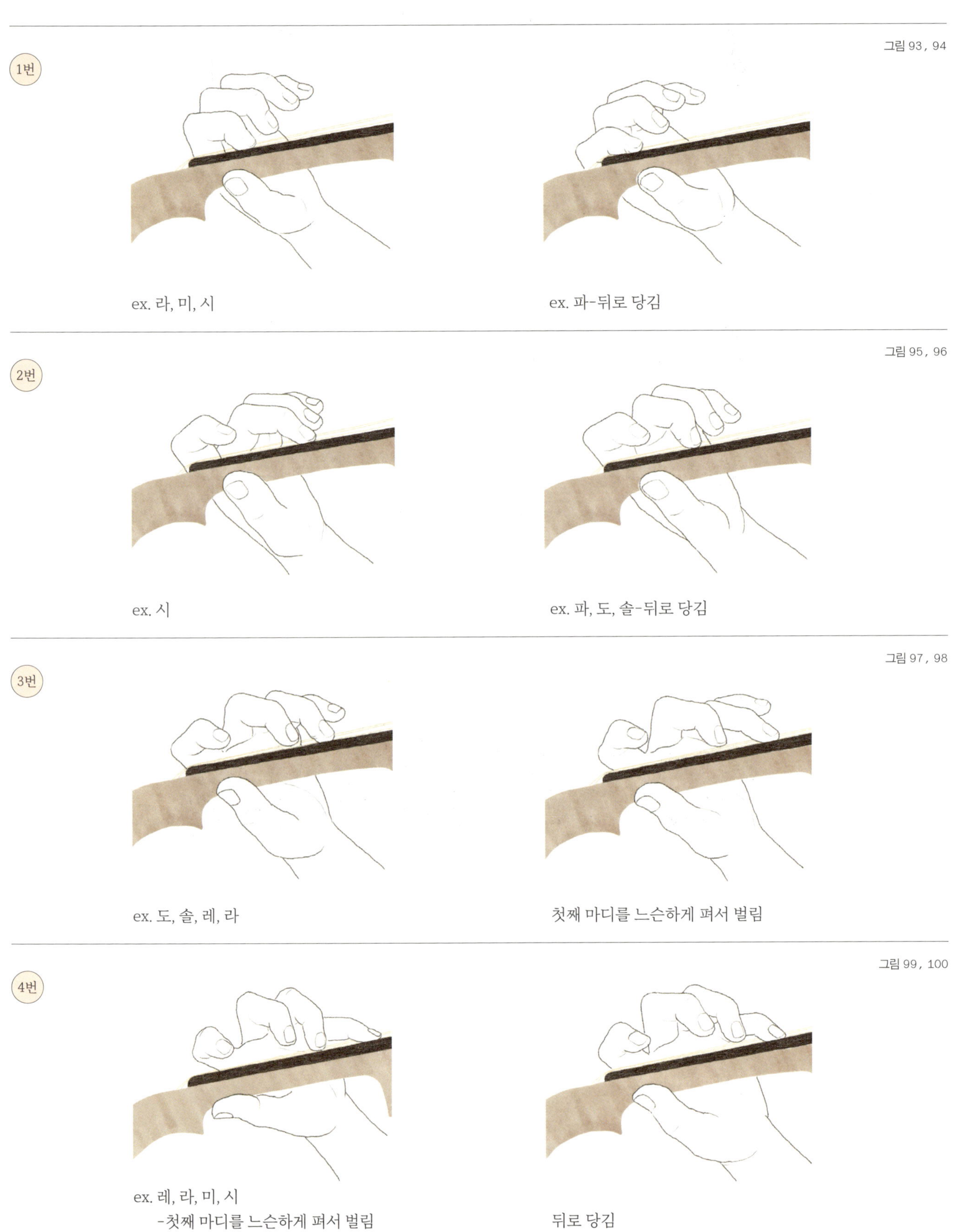
그림 93 , 94
1번
ex. 라, 미, 시
ex. 파-뒤로 당김
그림 95 , 96
2번
ex. 시
ex. 파, 도, 솔-뒤로 당김
그림 97 , 98
3번
ex. 도, 솔, 레, 라
첫째 마디를 느슨하게 펴서 벌림
그림 99 , 100
4번
ex. 레, 라, 미, 시
-첫째 마디를 느슨하게 펴서 벌림
뒤로 당김

손가락은 음계의 위치에 따라 자연스럽게 구부린 상태 그대로 짚거나 뒤로
당겨서, 또는 첫째 마디를 느슨하게 펴서 벌려 짚습니다. 예컨대, 4줄의 1포지션
음계 연습에서 3번과 4번 스티커 자리와 같이 줄이 바뀌더라도 스티커의 위치가
같으면 기울기만 달라질 뿐 손가락 모양은 같습니다. 같은 예로 솔줄의 '라', 레줄의
'미', 라줄의 '시', 미줄의 '파#'과 솔줄의 '시', 레줄의 '파#', 라줄의 '도#', 미줄의
'솔#'의 손가락 모양은 같습니다. 이처럼 손가락 모양을 빠르게 결정하면 간결하고
민첩한 운지의 습관을 지닐 수 있으며, 이를 통해 정확한 음정과 리듬을 구사할 수
있습니다.

안정된 착지

손가락은 4줄의 각도에 대응해 지판의 굴곡진 면과 맞닿음으로써 모든 음의
위치에서 깨끗한 음질을 구사할 수 있습니다. 간혹 오랜만에 연습하면 악기가
손에 익지 않아 당황스러운 느낌을 받곤 합니다. 이럴 때 전공자나 주법에 익숙한
학생들은 천천히 음계 연습을 하거나 왼손의 테크닉을 위한 책을 통해 손가락을
풀곤 하지만, 이제 막 시작한 입문자의 경우에는 이렇다 할 방법을 찾거나 무작정
연습하기보다 악기와의 관계에 기초해 실행해 보기를 권합니다. 지판의 굴곡진
면과 어울려 손가락이 맞닿아 있는지 확인하는 것만으로도 자세와 동작의 정렬된
느낌을 회복하는 데 충분한 도움이 될 것입니다.

운지의 요령

운지의 요령은 연속되는 음의 진행에 대해 음에서 음으로의 흐름을 매끄럽게
이끌어가는 방식을 말합니다. 올바른 운지의 진행 방식은 다음과 같습니다.

불필요한 손가락을 짚지 않는다

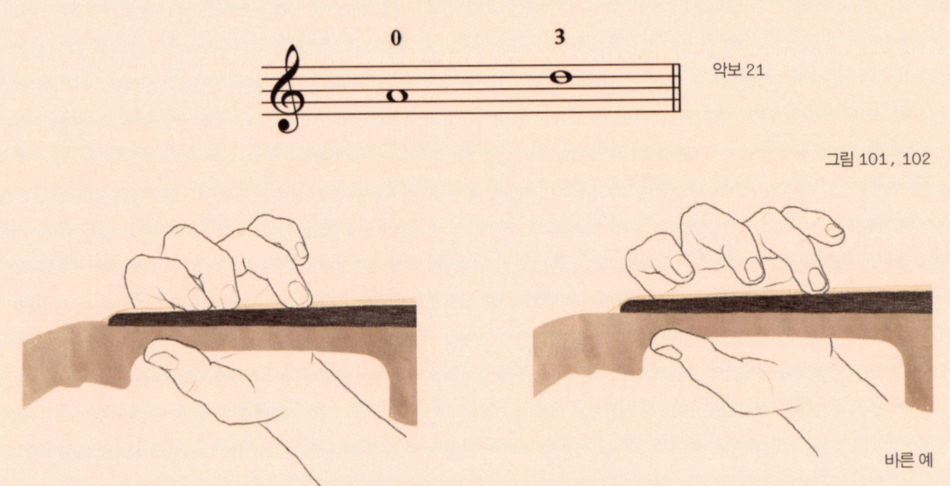

운지번호는 몇 번째 손가락을 가리키는 것이지, 몇 개의 손가락을 의미하지 않습니다.
위 <악보 21>과 같이 운지번호가 0번에서 3번으로 진행되면 3개의 손가락을 짚지 않고,
3번째 손가락을 짚습니다. 불필요한 운지는 불필요한 힘을 갖게 할 뿐입니다.

악보 22, 23, 24, 25

<연습하기>

먼저 각 줄에서 운지의 요령에 따라 접점의 기울기와 회전운동을 바탕으로 해석된
운지번호의 손가락 모양을 익힙니다. 이때 해석된 운지번호에 따라 엄지손가락의
대응값을 적용합니다. 0번이 나올 때는 아무 손가락도 짚지 않는 것을 의미하므로
이어지는 운지번호에 따라 접점의 회전운동을 실행하되, 엄지손가락과 네 손가락을 쉬게
합니다. 동작을 익히고 나면 피치카토로 개방음과 운지한 음을 소리 내 두 음 사이의 거리,
즉 음정을 익혀봅니다.

운지의 동작을 연결한다

음을 하나씩 짚었다 떼면 현악기의 특성상 미세한 울림이 발생해 소리가 지저분해집니다.
또한, 음과 음의 연결성이 떨어지고 손가락이 경직되어 왼손의 모양이 흐트러집니다.
따라서 운지의 동작을 연결하기 위해서는 먼저 짚은 손가락을 다음 손가락이 줄을 짚을
때까지 떼지 않습니다. 예컨대, <악보 26>과 같이 운지번호가 1번에서 3번으로 진행되면
먼저 짚은 1번 손가락을 떼지 않은 상태에서 접점의 회전운동을 실행해 3번 손가락을
짚음과 동시에 1번 손가락을 떼줍니다.

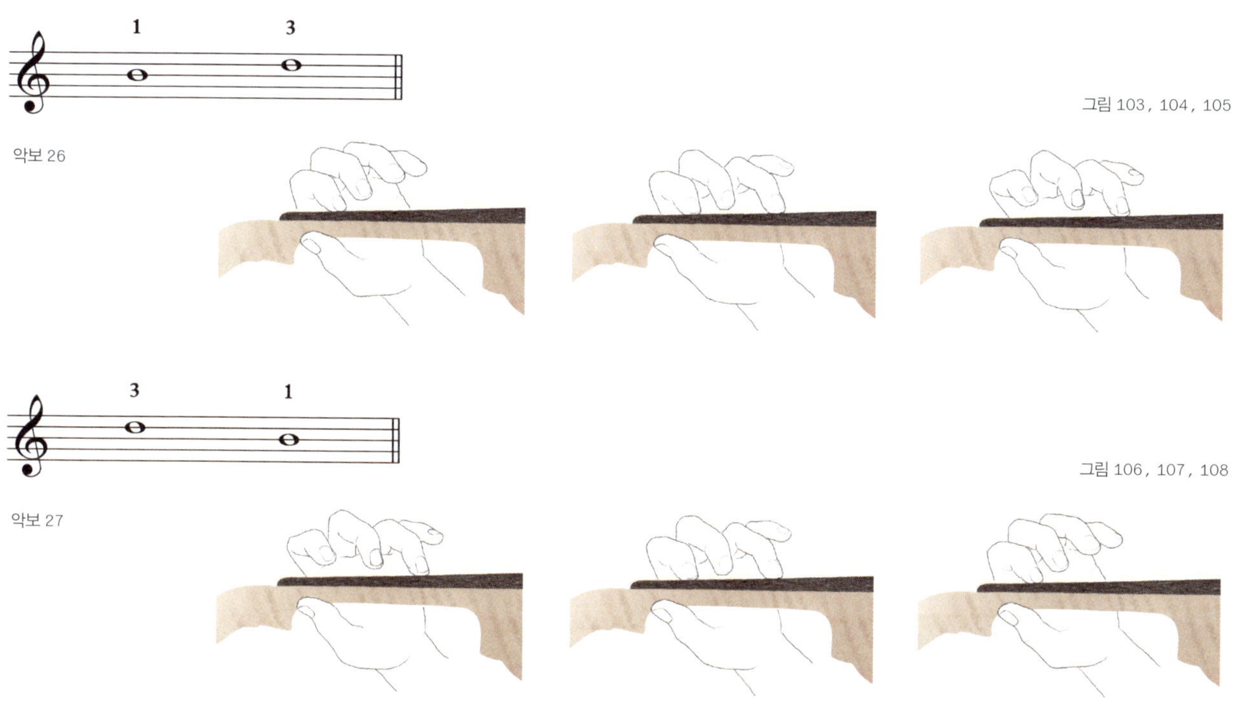

악보 26

그림 103 , 104 , 105

악보 27

그림 106 , 107 , 108

운지번호가 높은 쪽으로 진행되든, 낮은 쪽으로 진행되든 실행 방법은 같습니다. 먼저 짚은
손가락을 기준으로 다음 손가락을 연결하는 방식입니다. 처음에는 마치 자신이 이제 막
걸음마를 떼기 시작한 아이처럼 여겨질 수 있지만, 해석된 운지번호에 따라 손가락 간의
강도 차를 적용하면 동작이 더욱 부드럽고 유연하게 연결되는 경험을 할 수 있습니다.
또한, 어느 줄에서든 어떤 손가락과의 연결 동작이든 왼팔의 기본자세를 바르게 설정한
상태에서 이러한 운지의 요령을 따를 수 있습니다.

두 줄에서의 연결 동작은 접점의 기울기를 통해 바뀌는 줄의 각도에 따라 먼저 짚은
손가락을 기울여주고 더불어 다음 손가락을 바뀌는 줄 위에 위치시킨 후, 다음 손가락을
짚음과 동시에 먼저 짚은 손가락을 떼줍니다. <악보 28>의 예를 살펴봅시다.

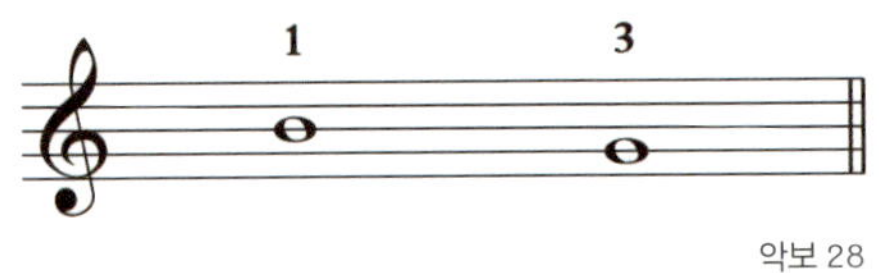

악보 28

먼저 라줄에서 1번 손가락을 운지한 상태에서 접점의 기울기를 통해 레줄의 각도에 따라
1번 손가락을 기울여주고 더불어 3번 손가락을 레줄 위에 위치시킨 후, 접점의 회전운동을
실행해 3번 손가락을 짚음과 동시에 1번 손가락을 떼줍니다.

흔히 하는 실수로, 엄지손가락과의 대응 거리가 가장 가까운 관계로 1번 손가락을 도리어
힘주어 짚으면 엄지손가락과 함께 악기의 목을 꽉 쥐게 되면서 왼팔이 경직되고 접점의
기울기와 회전운동이 실행되지 않습니다. 이로 인해 3번 손가락이 스스로 바뀌는 줄 위에
오르려 함으로써 운지의 실행이 지체될 뿐만 아니라, 왼팔의 기본자세가 흐트러지고
해석된 운지번호의 손가락 모양을 알맞게 취하지 못해 정확한 음정을 구사하지 못합니다.

운지번호가 낮은 손가락을 계속
줄에 머물게 한다

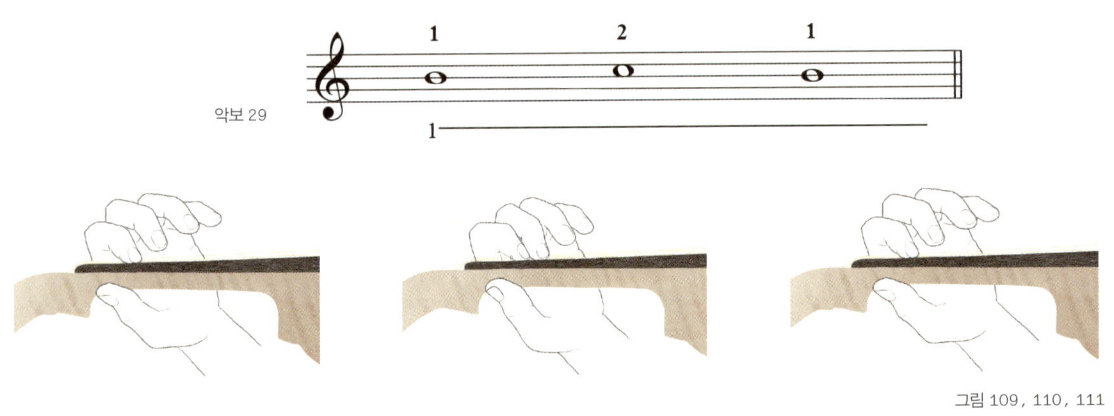

악보 29

그림 109, 110, 111

<악보 29>와 같이 운지번호가 반복적으로 진행되는 패턴에서는 운지번호가 낮은
손가락을 떼지 않고 계속 줄에 머물게 합니다. 악보에는 음표 아래에 1-, 2-, 3-과 같이
표시합니다.

위와 같이 두 음이 반복적으로 진행되는 패턴은 손가락 근육을 훈련하는 대표적인 연습으로써, 가장 단순하고 효과적이며 기교적 주법의 하나인 트릴(Trill)로 발전합니다.

트릴은 두 음을 연속적으로 빠르게 교차해 연주하는 기법입니다. 악보에는 줄여서 tr로 표시하거나 tr~와 같이 물결 모양의 선을 붙여줍니다.

먼저 각 줄에서 음계의 위치에 알맞은 손가락 모양을 살펴 손가락 간의 거리를 확인한 후, 운지의 요령에 따라 접점의 기울기와 회전운동을 바탕으로 손가락 간의 강도 차를 적용해 실행합니다.

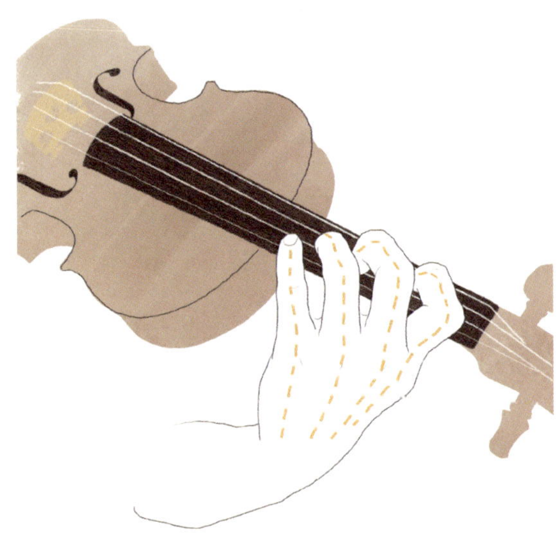

그림 112

운지는 손가락의 탄력성에서 비롯되는 것이지, 누르고자 하는
힘의 개념이 아닙니다. 흔히 하는 실수로 손가락의 압력을
강조하는 힘의 방식은 운지의 동작을 둔하게 할 뿐입니다.
<그림 112>와 같이 점선을 따라 손등에서 손끝까지 이어지는
4개의 곡선을 그려봅시다. 마치 바다에 던져지는 낚싯대처럼 줄에
대한, 음계의 위치에 대한 손가락의 탄력성이 느껴질 것입니다.
이처럼 언제나 좋은 시도는 악기와 나의 관계성에 있습니다. 줄에
대한, 음계의 위치에 대한 4개의 곡선을 의식해 손가락을 필요
이상으로 누르지 않도록 합니다. 적절한 압력의 조건은 손가락의
탄력성에 포함되는 사항이며, 우리에게는 손가락의 탄력성이
훈련될 수 있도록 호흡의 여유와 함께 의식적인 연습이 필요할
뿐입니다. 또한, 현재의 시점에서 아주 단순한 동작일지라도 내가
하는 이 행위의 반복이 다음 단계로의 가능성을 열어두고 있는지,
앞으로 다루어야 할 음악적 요소들을 뒷받침할 수 있을지 가늠해
볼 필요가 있을 것입니다.

피치카토로 연주하기

앞서 살펴본 운지의 요령은 불필요한 수고를 방지하고 왼손의 모양을 바르게
유지해 주며, 손가락 간의 유기적 움직임을 통해 음에서 음으로의 흐름을 매끄럽게
합니다. 또한, 연주자가 소리에 집중해 활 긋기를 어떻게 발전시킬지 몰입하는
단계로 이끕니다. 따라서 어떤 곡을 연주하든지 근사한 소리를 내고 싶다면 먼저
왼손의 운지를 완성해야 합니다. 우리에게 익숙한 다음의 3곡을 통해 왼손의 운지를
익혀보고, 활 긋기를 대신해 피치카토로 연주해 봅시다.

< 연습 방법 >

먼저 4줄의 개방현을 기준으로 어느 줄에서 운지가 실행되는지 살펴봅니다. 예컨대, 다음
페이지에 있는 <악보 35>의 첫 음은 레줄에서 실행합니다. 이어서 계이름과 운지번호를
따져보고, 운지의 진행 패턴을 파악해 필요에 따라 0, 1, 2, 3, 4 / 1-, 2-, 3-과 같이
표시합니다.
운지가 실행되는 줄, 계이름, 운지번호, 운지의 진행 패턴을 파악하면 이제까지 살펴본
왼팔 주법의 내용에 따라 연습합니다. 어깨관절의 회전운동으로부터 팔꿈치를 몸통
안으로 향하게 하고, 아래팔이 회전하는 방향을 따라 악기의 목을 비스듬하게 감싸는
모양으로 왼손의 두 접점을 알맞은 높이로 기대고 받칩니다. 그런 다음 운지의 요령에 따라
접점의 기울기와 회전운동을 바탕으로 해석된 운지번호의 손가락 모양을 실행합니다.

School bell

학교 종

김메리

악보 35

* in G, D, A, E는 각각 솔줄, 레줄, 라줄, 미줄에서의 실행을 뜻합니다.
  또는 간단히 G, D, A, E로 표시합니다.

Happy Birthday to You

생일 축하합니다

작자 미상

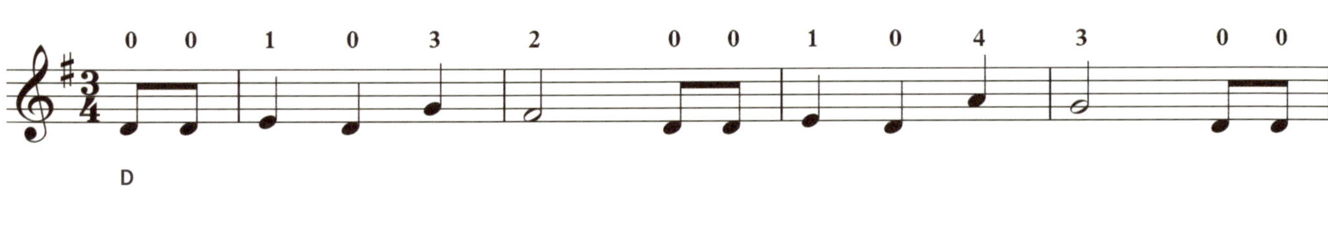

악보 36

* #의 위치는 계이름 '파'입니다. 반음 관계인 '파#'과 '솔'을 붙여주고
  조표에 설정되었으므로 곡 전체에 적용합니다.

* rall.(rallentando , 랄렌탄도) - 연주 속도를 점점 늦추라는 뜻입니다.

* ⌢(fermata , 페르마타) - 음표의 길이를 2~3배로 늘려 연주하라는
  뜻입니다. 이 곡에서는 4분음표, 1박자이므로 2박자 또는 3박자로
  늘려줍니다.

Ode to Joy

환희의 송가

루드비히 판 베토벤(Ludwig van Beethoven)

**비브라토와
쉬프팅에 대한 안내**

비브라토와 쉬프팅은 운지의 주제를 올바르게 실행하는 가운데 활 긋기를 통해
울림의 모양을 나타낼 수 있을 때, 1포지션의 음계를 바탕으로 4줄의 텐션 범위를
구축할 수 있을 때 다룰 수 있는 주제입니다. 비브라토는 활 긋기의 울림에 합해
음향적으로 더욱 풍부한 소리를 구사하는 기법이고, 쉬프팅은 낮은 포지션과
높은 포지션을 오가며 4줄의 음계와 텐션 범위를 더욱 폭넓게 다루기 위함이기
때문입니다.

이 책에서는 다음 장에서 살펴볼 오른팔 주법을 익힌 후 1포지션의 음계를 바탕으로
양팔 주법의 기초를 다지고 나서 비브라토와 쉬프팅을 배울 예정입니다.

오른팔 주법에
대하여

활 잡기

활의 무게와 균형

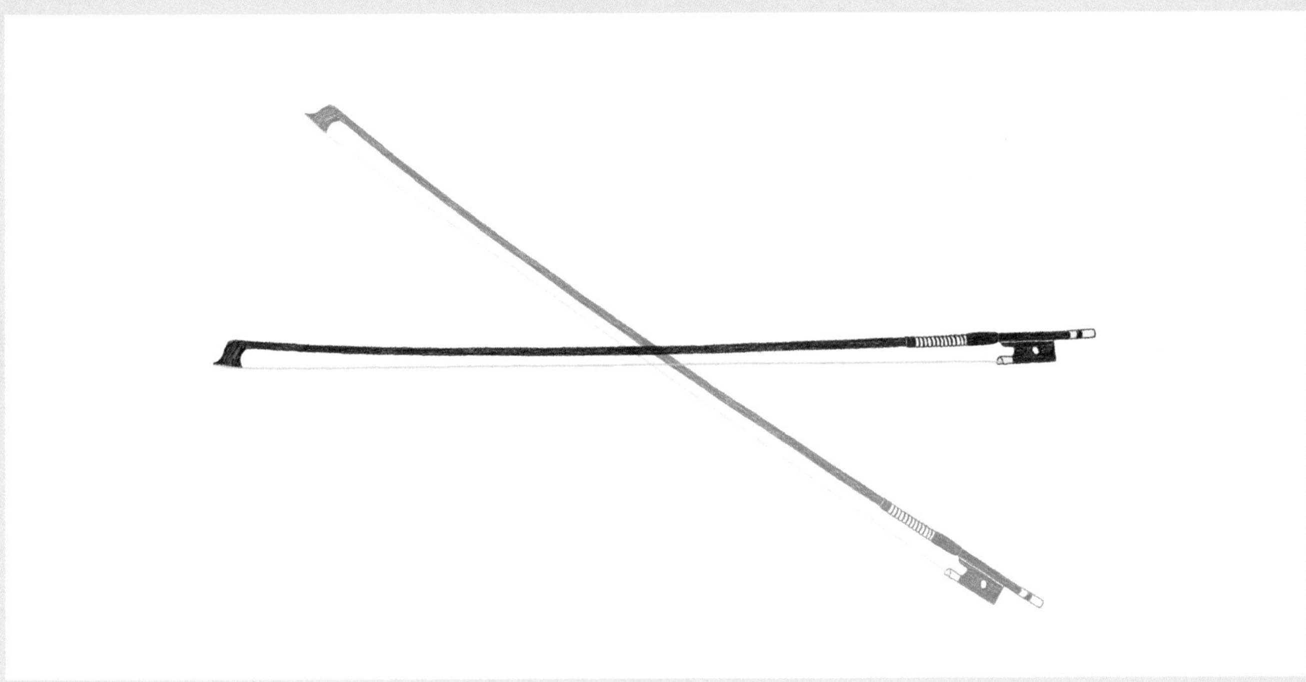

그림 113

활은 단순히 막대기에 활털을 끼운 것처럼 보이지만 부분적으로 무게가 다릅니다.
<그림 113>과 같이 한쪽으로 기울어진 모습이 시소와 닮았습니다. 시소는 반대편에 힘을
실어주지 않는 한, 한쪽으로 기울어진 채로 부동의 자세를 취합니다. 마찬가지로 만약 활
밑으로 기울어진 상태에서 활 긋기를 하면 줄을 짓누르고 활의 양쪽 끝을 오가기 어려울
것입니다. 따라서 활은 줄과의 적절한 밀착을 이루고 활의 모든 부분에서 원활한 활 긋기를
실행하기 위해 항상 줄 위에서 균형의 상태를 취해야 합니다. 그렇다면 활 밑의 무게를
어떻게 다뤄야 할까요? 무거운 활 밑을 힘주어 잡지 않아야 하니 반대로 가볍게 잡아야
할까요?
간단히 생각해 볼 때 기울어진 물체가 수평이 되게 하려면 무거운 쪽을 들어 올리면 될
것입니다. 즉, 활 밑의 무게에 힘을 적용할 것이 아니라 활 밑의 무게를 들어 올릴 수 있는
구조를 갖는 것입니다. 손가락의 구조, 시스템이 곧 활을 올바르게 쥐는 힘입니다.

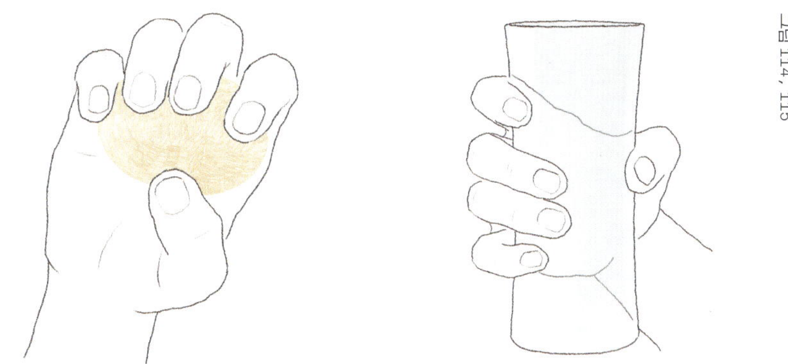

손가락 구조는 특별히 어렵거나 복잡한 기술이 아닙니다. 일상생활에서 이미 누구나 익숙한 동작으로 실행하고 있기 때문입니다. 위와 같이 달걀이나 공을 쥘 때 또는 컵을 잡을 때처럼 말입니다. 예컨대, 다섯 손가락이 물체와의 접점을 이루면 마디를 구부려 물체를 감싸 들어 올립니다. 이때 물체의 무게를 들어올리기 위해 자연스럽게 균형점을 잡는데 엄지손가락과 셋째, 넷째 손가락을 중심으로 양쪽 검지손가락과 새끼손가락의 삼각형 구도입니다. 손가락 구조는 엄지손가락의 방향을 기준으로 가로 또는 세로로 실행되며, 이 책에서는 컵을 잡을 때처럼 세로 방식으로 설명하고자 합니다.

활대의 구조와 엄지손가락의 위치

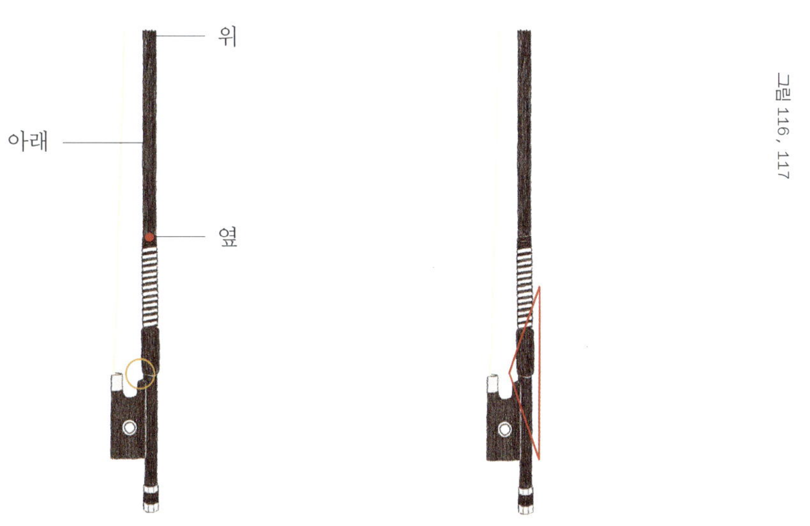

먼저 활대의 위, 아래, 옆의 구조를 살펴봅니다. 엄지손가락의 위치는 활대 아래, 활털걸이와 만나는 홈 부분입니다. 이어서 <그림 117>과 같이 엄지손가락의 위치를 중심으로 삼각형 구도를 그려봅니다.

가볍게 쥐어보기

왼손으로 활대를 고정합니다. 오른손은 컵을 잡을 때처럼 삼각형 구도의 손모양을
취해 활대에 가까이 다가간 후, 활대의 굵기에 맞게 손가락 마디를 구부려 가볍게
쥐어봅니다. 컵을 잡을 때와 비교해 부피감 차이를 느껴보았다면 다음의 설명을
통해 좀 더 자세히 살펴봅시다.

**새끼손가락과
엄지손가락에 대한 지침**

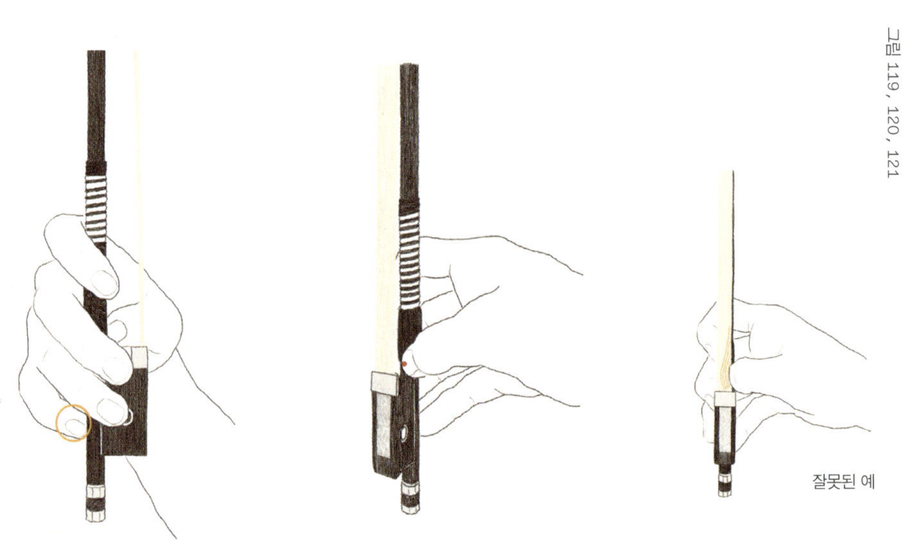

먼저 새끼손가락을 활대 위에 자연스럽게 구부린 상태 그대로 올려놓습니다.
엄지손가락은 새끼손가락이 활대 위로 이동함에 따라 비스듬하게 방향을 취합니다.
이때 활대 면적의 절반만 짚어 활털과 닿지 않도록 하며, 자연스럽게 구부린 상태를
유지합니다.

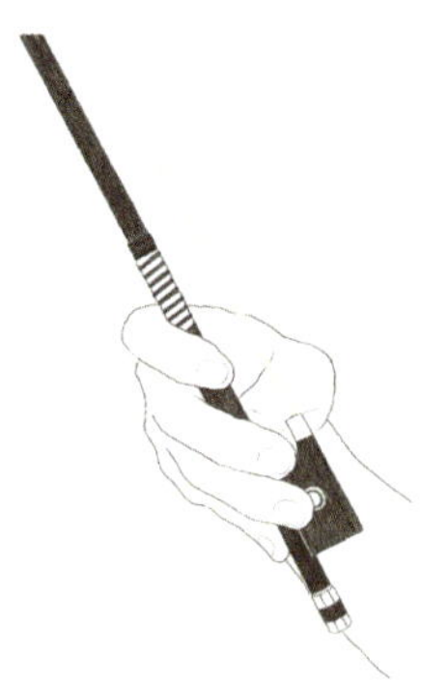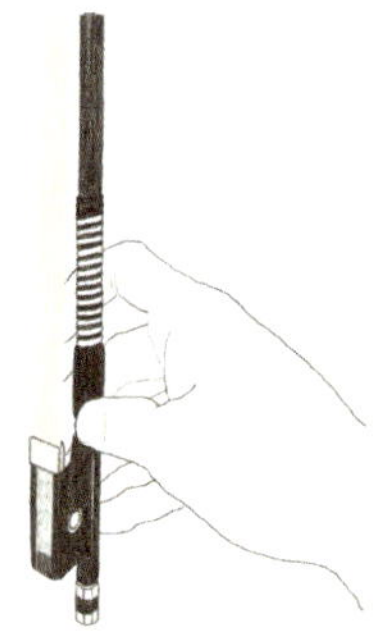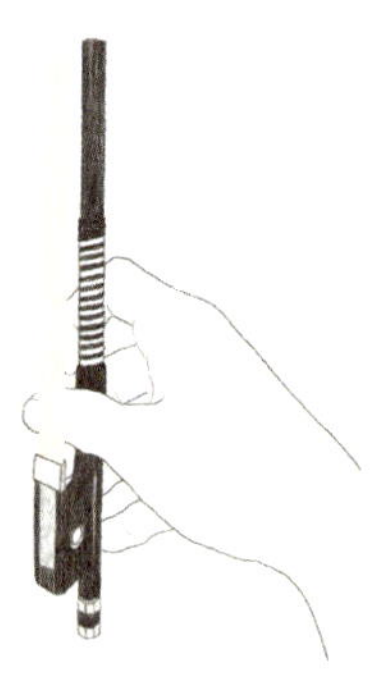

흔히 하는 실수로, 새끼손가락을 뻗으면 활의 균형을 깨는 힘으로 작용해 활밑 쪽으로 기울어집니다. 또한, 엄지손가락에 영향을 주는데 엄지손가락이 뻗는 방향으로 미는 힘이 작용해 활이 지판 쪽으로 밀려나고, 손가락이 활털과 활대 사이로 빠지게 됩니다.

이처럼 하나의 손가락과 다른 손가락은 함께 구부러지고 펴지는 관계이므로 이 점에 유념해 자세를 바르게 유지합니다. 또한, 기존의 잘못된 습관을 가진 학생은 이를 고치도록 합니다.

나머지 손가락에 활대 걸기

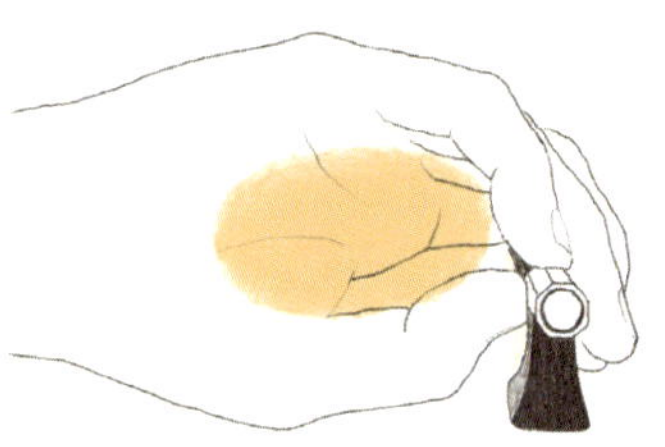

나머지 손가락들도 새끼손가락이 활대 위로 이동함에 따라 엄지손가락과 함께 비스듬하게 방향을 취합니다. 이때 손가락의 첫 번째와 두 번째 마디 사이에 활대의 윗면이 접하게 합니다. 삼각형의 구도를 유지하되, 저마다 손가락의 길이가 다르므로 마치 소파에 앉을 때 편안한 느낌을 찾아 들썩거리듯이 활대가 느끼기에 가장 구석지고 쿠션감 있는 자리를 찾아봅니다.

알맞게 자리를 잡으면 <그림 126>과 같이 손 안쪽에 둥그스름한 모양의 공간이 마련됩니다. 이를 통해 다섯 손가락의 압력이 고루 분포된 상태로 여길 수 있으며, 공간을 의식함에 따라 구조의 외적 형태를 바르게 유지할 수 있습니다. 이어서 활대의 옆면을 부드럽게 감싸 마무리합니다.

활 잡기는 익숙해짐에 따라 거의 동시에 이루어지지만 이처럼 활대 위, 아래로 다섯 손가락의 접점을 취해 손가락 구조의 공간을 마련한 후 활대의 옆면을 감싸주는 방식입니다.

왼손을 떼고 활 밑의 무게를 느껴봅니다. 만약 무게가 느껴지지 않는다면 활을 필요 이상으로 힘주어 쥐고 있기 때문입니다. 예컨대 활 밑의 무게 정도면 손등을 터치했을 때 근육의 긴장도가 적고 부드러운 느낌을 줍니다. 물체에 대한 접점의 강도는 물체의 무게에 비례하므로, 활 밑의 무게에 알맞은 접점의 강도를 취하도록 합니다. 과도한 활 잡기는 움직임의 가능성을 기대함이 아니라 오히려 통제할 뿐입니다.

손가락 관절의 운동

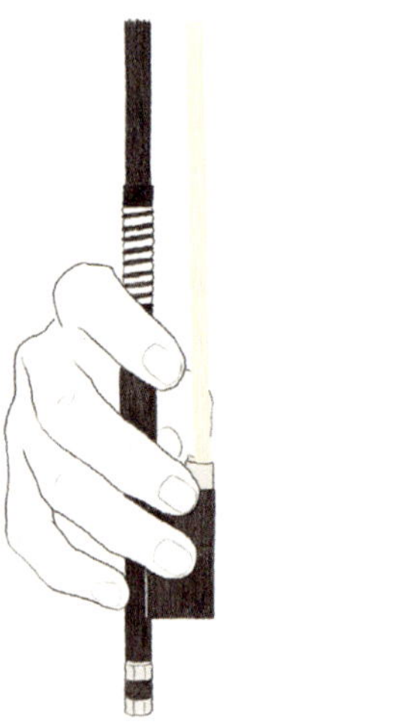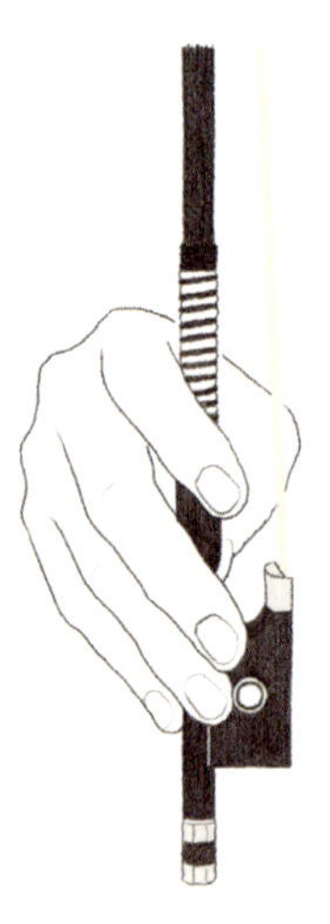

그림 127, 128

손가락 구조를 익히고 알맞은 접점의 강도를 취할 수 있으면 다섯 손가락을 동시에 폈다 구부립니다. 마디를 펴더라도 활대 위, 아래로 다섯 손가락의 접점을 잃지 않으면 활을 놓치지 않습니다. 그런데도 혹여 주저함이 든다면 마치 물속에서 발차기할 때처럼 새끼손가락을 뻗는 힘을 기반으로 실행해 봅니다.

손가락 관절의 운동이 필요한 이유는 오른팔 관절의 운동에 합하기 위해서입니다. 또한, 이 책에서 다루지 않지만 활 긋기의 다양한 주법을 실행하는 데 필요합니다. 예컨대 활을 빠르게 팅기는 소티에(Sautille, 깡충 뛰다)에서는 마디를 살짝 푼 상태에서 활 긋기를 합니다.

이처럼 활 잡기는 활대와 손가락의 구조적인 결합인 동시에 관절의 합일된 운동이며, 악상의 흐름에 따른 작고 섬세한 몸짓입니다. 만약 처음부터 활로 연습하기가 부담스럽거나 활이 준비되지 않은 상황에는 연필이나 펜 또는 가벼운 막대기 형태의 무언가로 대체해 연습합니다. 활 잡기를 익히는 동안 활의 대응 지점과 대응 면적에 대해 살펴보겠습니다.

활의 대응 지점과 대응 면적

지판과 브릿지 사이

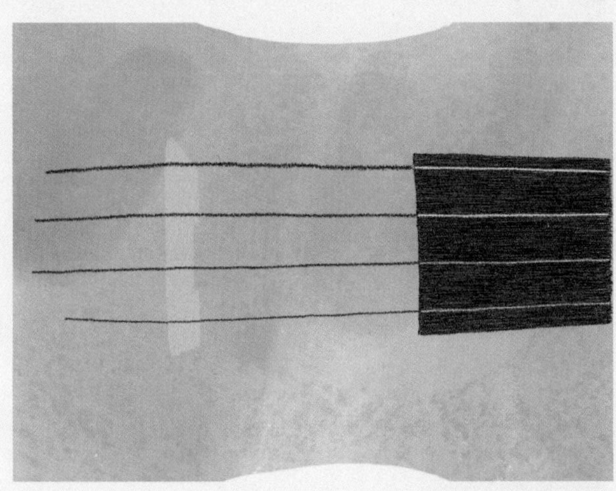

그림 129

활을 그을 수 있는 구간은 지판과 브릿지 사이입니다. 어느 지점에서 활을 그어야 할까요?

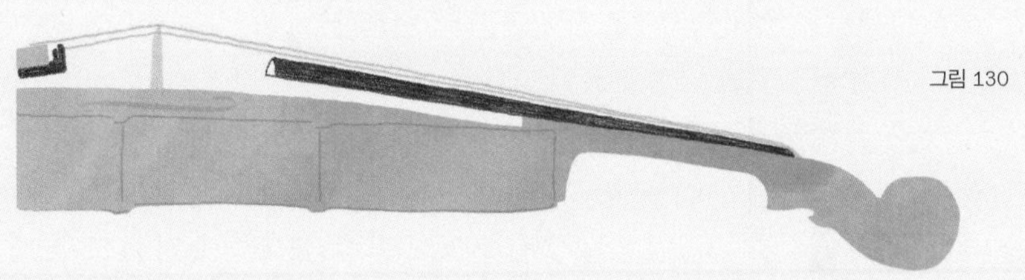

그림 130

<그림 130>과 같이 바이올린의 4줄은 브릿지에서 지판 쪽으로 갈수록 아래로 기울어지기 때문에 어느 줄에서나 지판 가까이는 느슨하고, 브릿지 가까이는 팽팽합니다. 따라서 앞서 살펴본 4줄의 텐션에 따라 느슨한 솔줄은 지판 가까이에서 그어주고, 팽팽한 미줄은 브릿지 가까이에서 그어줍니다. 이 책에서는 4줄의 텐션에 어울리는 활의 대응 지점으로 각 줄의 고유한 음색을 잘 나타내는 위치를 가리켜 내추럴 사운드 포인트(Natural Sound Point, NSP)라고 합니다.

4줄의 NSP

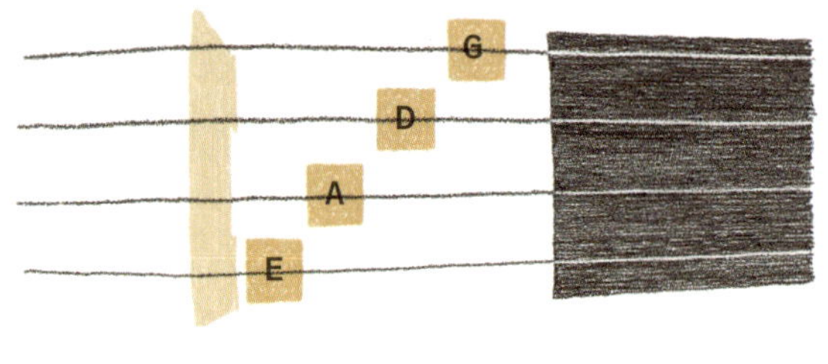

그림 131

<그림 131>은 개방현을 활로 그었을 때 4줄의 NSP입니다. 앞서 개방현을 피치카토로 소리 냈을 때와 동일한 위치입니다. 4줄의 NSP는 포지션이 높아질수록 점점 브릿지 쪽으로 이동해 촘촘한 간격을 갖습니다. 정확한 위치는 악기마다 다를 수 있지만 이처럼 4줄의 텐션에 어울리는 활의 대응 지점을 이해할 때 지판과 브릿지 사이, 어느 지점에서 첫 음의 활 긋기를 실행하고 곡의 흐름에 따라 대응 지점의 방향을 지판 쪽으로 이끌지, 브릿지 쪽으로 이끌지 결정할 수 있습니다.

활털의 대응 면적

그림 132

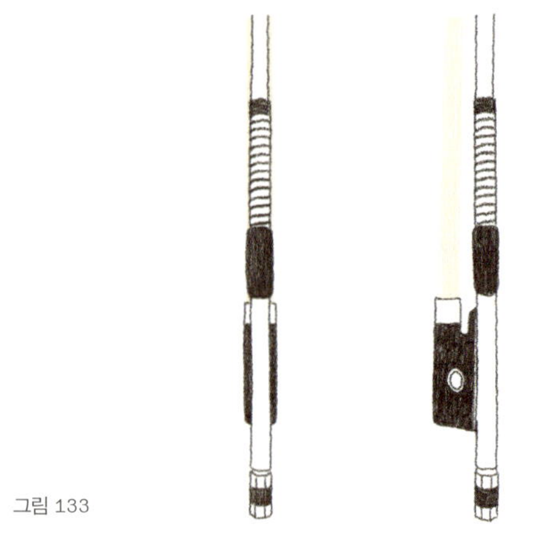

그림 133

연주자는 활의 대응 지점을 결정할 뿐만 아니라 그에 따라 활털의 대응 면적도 조절합니다. 예컨대, 활밑 부근을 기준으로 솔줄의 개방현 NSP에서는 활대를 반쯤 기울이고, 미줄의 개방현 NSP에서는 활대를 거의 세웁니다. 즉, 대응 지점이 지판 쪽에 가까울수록 활대를 기울여주고, 반대로 브릿지에 가까울수록 활대를 세워줍니다.

활대를 기울이면 줄에 대한 압력을 낮출 수 있어 느슨한 텐션에 어울리며, 활을 빠르거나 가볍게 긋고자 할 때 또는 소리를 작게, 여리게, 약하게 만드는 조건으로 악상의 흐름을 p(piano, 피아노)로 바꿀 수 있습니다. 반대로 활대를 세우면 줄에 대한 압력을 가할 수 있어 팽팽한 텐션에 어울리며, 활을 느리거나 무겁게 긋고자 할 때 또는 소리를 크게, 세게, 강하게 만드는 조건으로 악상의 흐름을 f(forte, 포르테)로 바꿀 수 있습니다. 만약 솔줄에서 활을 느리거나 무겁게 긋고자 하면 또는 f를 실행하려면 활대를 세워 브릿지 쪽에 좀 더 가깝게 긋습니다. 반대로 솔줄에서 활을 빠르거나 가볍게 긋고자 하면 또는 p를 실행하려면 활대를 기울여 지판 쪽에 좀 더 가깝게 긋습니다. 마찬가지로 미줄에서 활을 빠르거나 가볍게 긋고자 하면 또는 p를 실행하려면 활대를 기울여 지판 쪽에 좀 더 가깝게 긋습니다. 반대로 미줄에서 활을 느리거나 무겁게 긋고자 하면 또는 f를 실행하려면 활대를 세워 브릿지 쪽에 좀 더 가깝게 긋습니다.

이처럼 실제로 연주자들이 곡을 연습하는 과정에서 가장 많은 시간을 할애하는 부분이 테이스팅(Tasting), 소리를 맛보는 것입니다. 마치 요리사가 어떠한 영감으로부터 자신의 미세한 감각을 동원해 하나의 레시피를 완성하듯, 연주자는 활털의 대응 면적을 변용해 어떠한 소리를 나타낼지 끊임없이 시도하고, 그 소리를 맛보며 자신의 연주를 쌓아갑니다.

이러한 이해를 바탕으로 바이올린의 좋은 소리, 좋은 연주란 4줄의 고유한 음색을 잘 나타내는 동시에 곡에 몰입된 나의 정서적 느낌을 표현할 수 있느냐로 가늠할 수 있을 것입니다. 4줄의 텐션을 느끼지 못한다면 현악기라는 타이틀의 의미가 사라지고, 나의 감정을 표현할 수 없다면 그것은 진정한 자신의 연주라 할 수 없기 때문입니다. 다음 주제인 활 올려놓기에서 테이스팅의 기준이 되는 4줄의 개방현 NSP를 익혀봅시다.

활 올려놓기

앞서 활 잡기에 적응하는 시간을 충분히 가지면 활과 오른팔을 하나로 인식해 활
긋기의 모든 활동을 실행할 수 있습니다. 먼저 활을 줄 위에 올려놓아야 하는데,
솔줄에서의 진행 과정을 예로 들어 다음의 두 가지 동작을 연습합니다.

어깨 스윙과 팔꿈치 구조

그림 134

첫 번째 동작은 야구 선수가 공을 치기 전 방망이를 스윙할 때처럼 어깨관절의 회전운동을
통해 오른팔 전체를 줄 가까이에 데려갑니다. 이때 어깨 스윙의 범위는 4줄의 NSP에
따르며, 이와 동시에 아래팔-손목-손등의 회전을 통해 활대를 기울여 활털의 대응
면적을 조절합니다. 오른팔은 몸통으로부터 대응 지점과의 거리를 통해 자연스럽게 각
줄의 텐션에 동화됩니다. 참고로 활을 필요 이상으로 힘주어 잡으면 경직된 상태로 인해
아래팔-손목-손등의 회전이 이루어지지 않습니다.

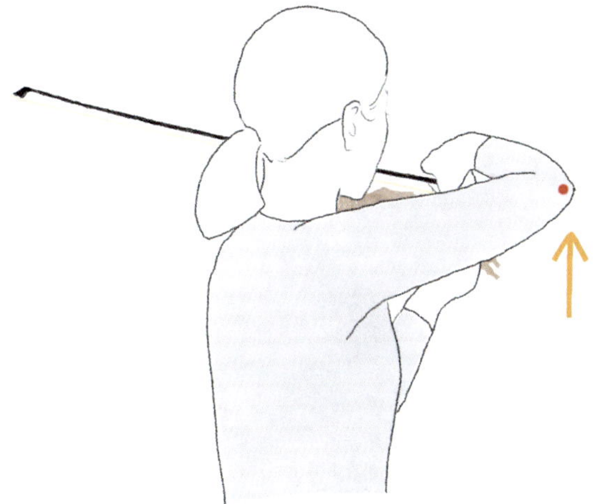

그림 135

연결되는 두 번째 동작은 4줄의 각도에 맞게 팔꿈치를 들어 활을 기울여줌으로써
줄에 밀착시킵니다. 이때 팔꿈치가 활보다 너무 높거나 낮으면 활이 지나치게
한쪽으로 기울어져 균형을 잃고 각도에서 벗어나 줄과 밀착하지 못합니다. 활과
오른팔을 하나로 인식함에 따라 팔꿈치를 활과 같은 선상에 두거나 활보다 살짝
높게 하면 오른팔의 무게가 활 끝으로 전달되어 활의 균형을 이룰 수 있고, 줄에
안정적으로 밀착할 수 있습니다. 손가락 구조가 활 밑의 무게를 들어 활의 균형을
기초한다면, 오른팔의 무게를 들어 줄 위에서 활의 균형을 이룸과 동시에 줄과의
밀착을 이루는 구조는 팔꿈치입니다.

4줄의 NSP에 활 올려놓기

미줄에서 솔줄로 갈수록 활대를 조금씩 기울여 어깨 스윙과 팔꿈치 구조를 통해
4줄의 개방현 NSP에 활 밑 부분을 올려놓습니다. 활대의 기울기에 따라 아래팔-
손목-손등이 회전하며, 손가락 구조의 공간은 활대의 기울기와 상관없이 그대로
유지됩니다. 또한, 활을 올려놓음과 동시에 앞서 피치카토를 실행할 때 각 줄의
텐션에 따른 손끝의 느낌과 동일하게 줄을 무는 활털의 느낌을 인식합니다.
손가락을 줄에 걸지 않고서 피치카토를 실행할 수 없듯이, 활털로 줄을 물지 않으면
활 긋기를 실행할 수 없습니다.

브릿지에 숨겨진 4줄 각도의 자

그림 136

팔꿈치 구조의 높이를 결정하려면 4줄의 각도를 정확히 파악해야 하는데, 입문 단계에서는 그 과정이 다소 어려울 수 있습니다. 악기의 구조를 살펴봅시다. 줄을 지탱하는 브릿지를 통해 힌트를 얻을 수 있습니다.

<그림 136>과 같이 바이올린의 4줄은 브릿지 위에 놓이고, 4줄이 놓인 지점을 중심으로 브릿지의 각 면은 그 줄의 기울기, 각도를 나타냅니다. 따라서 브릿지의 각 면을 그 줄의 기울기를 나타내는 자로 인식해, 즉 줄에 일치하는 각도로 보는 것입니다.

이처럼 브릿지에 숨겨진 자를 통해 4줄의 각도를 파악하면 팔꿈치 구조의 높이를 쉽고 정확하게 결정할 수 있습니다. 덧붙여, 손가락 구조와의 연대성을 의식하면 오른팔의 자세와 활의 균형을 더욱 안정감 있게 취할 수 있습니다.

호흡과 함께

몸통으로부터 대응 지점과의 거리가 익혀지고 활대의 기울기를 달리해 4줄의 각도에서 균형을 취할 수 있으면 들이마셨다가 내쉬는 호흡에 어깨 스윙과 팔꿈치 구조, 두 동작의 흐름을 연출해 봅니다. 어깨 스윙의 범위와 팔꿈치 구조의 높이에 따른 호흡의 폭과 깊이의 변화를 느낄 수 있으며, 각 줄의 텐션을 인식함에 따라 호흡의 결을 느슨하게 또는 팽팽하게 느낄 수 있습니다.

호흡의 폭과 깊이, 결의 변화를 실행에 옮길 수 있으면 어느새 바이올린 연주자로서 근사한 제스처를 취하게 됩니다. 잠시 무대 위에 오른 자신을 상상해 봅시다.

흘러나오는 오케스트라의 전주에 맞춰 호흡의 율동적인 몸짓으로 연주를 시작하는 것, 마치 여행이 펼쳐지기 전 흥분된 설렘을 만끽하는 기분입니다.

활 긋기에 대한 이해

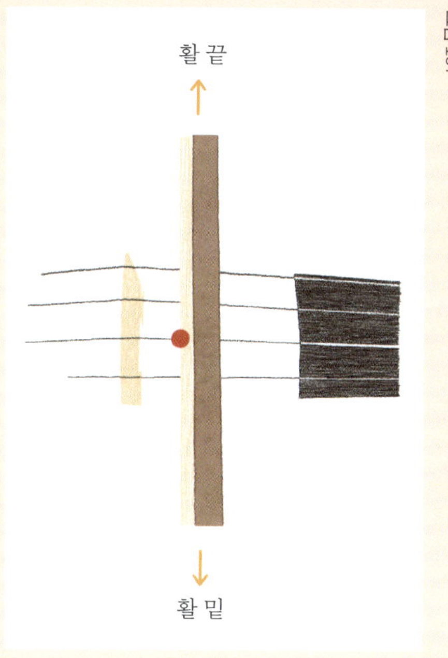

활털의 마찰 작용

어깨 스윙과 팔꿈치 구조를 통해 활을 바르게 올려놓으면 줄에 수직으로 교차해 십자 모양을 나타냅니다. 활과 줄이 교차하는 정점에서 활털의 마찰 작용을 통해 줄의 떨림을 일으켜 소리 내는 것을 활 긋기라 합니다.

활 긋기의 방향

활 긋기의 방향은 줄에 교차하는 양방향으로 내림과 올림, 두 가지입니다. 활 밑쪽으로 줄을 당기는 것을 내려긋기, 내림활, 다운 보우(Down Bow)라 하고 악보에는 ⊓로 표시합니다. 반대로 활 끝쪽으로 줄을 미는 것을 올려긋기, 올림활, 업 보우(Up Bow)라 하고 Ⅴ로 표시합니다.

활 긋기의 범위

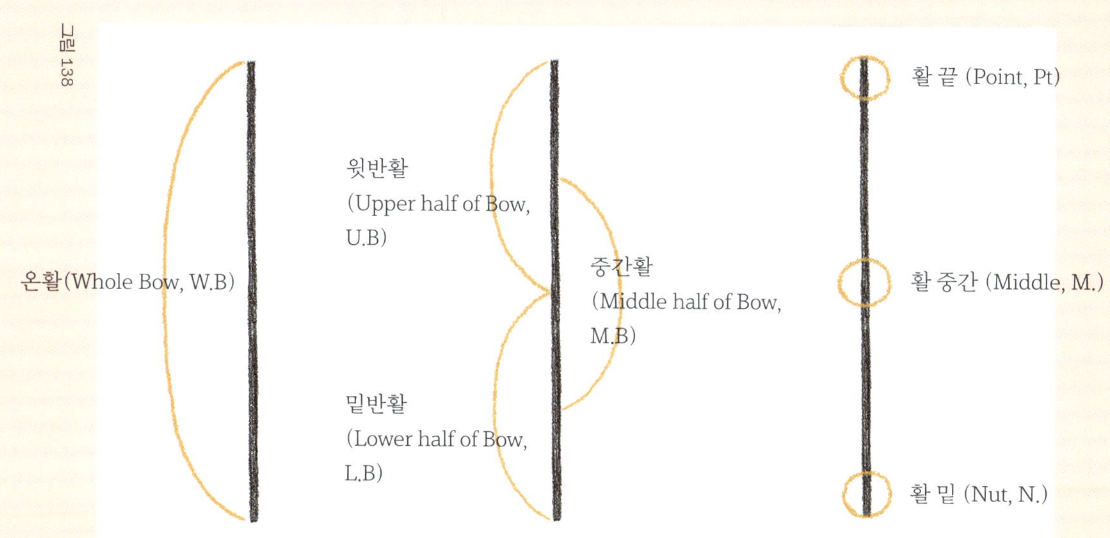

활 밑부터 활 끝까지, 활의 모든 범위를 가리켜 온활(Whole Bow, W.B)이라 합니다. 온활의 중간 지점에서 활 밑까지를 밑반활(Lower half of Bow, L.B), 반대로 중간 지점에서 활 끝까지를 윗반활(Upper half of Bow, U.B)이라 하고, 중간 지점에서 양방향으로의 거리를 가리켜 중간활(Middle half of Bow, M.B)이라 합니다.

또한, 활 밑 부근에서 짧게 긋는 것을 N.(Nut), 같은 범위로 중간 지점 부근에서는 M.(Middle), 활 끝 부근에서는 Pt.(Point)로 표시합니다. 각 범위의 시작점은 활 긋기의 방향에 따라 달라집니다. 예컨대 온활의 경우 내림활은 활 밑에서 시작하고, 올림활은 활 끝에서 시작합니다.

그림 139 , 140 , 141

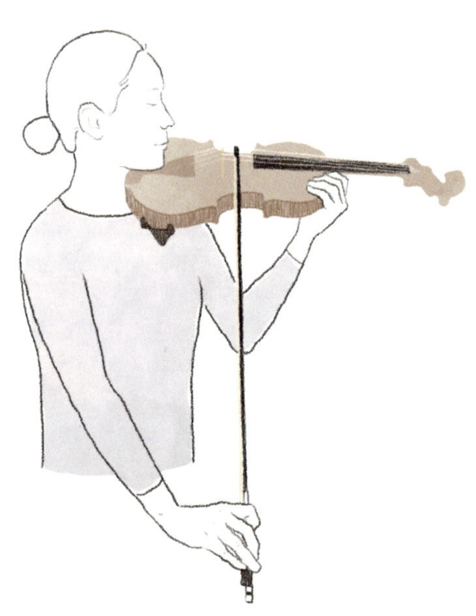

활 긋기 동작은 밑반활과 윗반활의 범위로 나눠 설명할 수 있습니다. 먼저 밑반활 동작은 활을 올려놓을 때처럼 어깨관절의 회전운동을 통해 실행합니다. 이어서 윗반활 동작은 팔꿈치를 폈다 구부리는 운동입니다. 이때 팔꿈치 관절과 협응해 손목 관절을 움직여야 합니다. 팔꿈치 관절의 움직임에 손목 관절이 따르지 않으면 줄을 당기거나 미는 힘이 결여돼 줄의 떨림을 일으키지 못하기 때문입니다. 또한, 항상 손목을 유연한 상태로 유지하며 지속적으로 움직여야 합니다. 조금이라도 경직되면 팔꿈치 관절과의 합을 제때 이루지 못해 활 긋기의 진행이 매끄럽지 않을 뿐만 아니라, 활 끝으로 갈수록 손가락 구조가 고꾸라지는 자세를 취해 올림활로 이어지는 활 긋기의 순환 운동을 방해하기 때문입니다.

이처럼 손목의 움직임은 활 긋기를 실행하는 데 있어 매우 중요한 과정으로 인식할 수 있습니다. 나아가, 손가락 관절과 함께 가동 범위가 큰 관절이 실행하지 못하는 정교한 활동들을 수행해 곡에서 요구하는 다양한 주법들을 충족시킴으로써 그 중요성이 더욱 강조됩니다.

줄에 대한 대응값

활 긋기 동작은 4줄 모두에서 동일한 방법으로 실행되지만, 줄에 대한 대응값은 각각 다르게 적용합니다. 앞서 활 올려놓기에서 '오른팔은 몸통으로부터 대응 지점과의 거리를 통해 자연스럽게 각 줄의 텐션에 동화됩니다'라고 언급한 바와 같이, 솔줄에서는 오른팔에 느슨함을 느끼는 상태에서 밑반활과 윗반활 동작을 실행하고, 반대로 미줄에서는 오른팔에 팽팽함을 느끼는 상태에서 밑반활과 윗반활 동작을 실행합니다. 즉, 줄에 대한 대응값은 몸통으로부터 또는 브릿지로부터 대응 지점과의 거리를 유지하는 힘으로 이해할 수 있습니다.

만약 4줄의 텐션을 무시한 채 모든 줄에서 똑같은 값으로 연주한다면 어떨까요? 아마도 줄과의 대응이 맞지 않기 때문에 정상적인 활 긋기를 실행할 수 없을 것입니다. 활 긋기라고 볼 수 없는 엉뚱한 동작을 취하게 될 것이며, 줄의 떨림을 일으키지 못하거나 통제해 4줄의 고유한 음색을 맛보지 못할 것입니다. 다시 말해, 줄에 대한 대응값을 고려하지 않으면 동작에 대한 이해가 충분하더라도 활 긋기를 제대로 익힐 수 없단 뜻입니다. 대응값에 대한 분류는 다음 주제인 4줄의 개방현 온활 긋기를 통해 시작할 수 있습니다.

개방현 온활 긋기

활의 모든 범위를 나타내는 온활 긋기는 다양한 범위의 부분적 활 긋기를 포함하므로 활
긋기를 전반적으로 향상하는 데 좋은 연습입니다. 또한, 온활 긋기를 되짚어보면서 부분적
활 긋기의 자세와 동작에 대한 이해를 구할 수 있습니다.

처음에는 각 줄의 톤을 구별한다는 단계적 목표에서 줄의 떨림이 일어나는 것을 현악기의
소리로 인정하되, 소리의 질에 연연하기보다 동작을 익히는 것이 중요합니다. 이를 위해
연습 속도는 자신의 동작을 관찰할 수 있을 정도로 너무 빠르지 않게 하며, 또한 동작의
자연스러운 흐름을 방해하지 않도록 너무 느리지 않게 합니다.

솔줄부터 미줄까지 차례대로 한 줄씩 진행하고, 내림활을 시작으로 올림활로 마칩니다.
다음의 예는 솔줄에서의 진행 과정입니다.

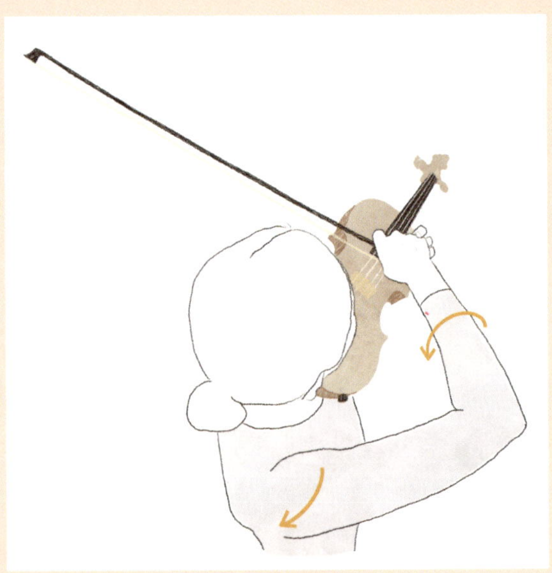

그림 142, 143

먼저 솔줄의 개방현 NSP에 어깨 스윙과 팔꿈치 구조를 통해 활대를 반쯤 기울여 활 밑
부분을 올려놓습니다. 손가락 구조와 팔꿈치 구조의 연대성을 의식해 안정감을 취하면
이내 줄에 대한 대응값을 적용해 어깨관절의 회전운동을 실행합니다. 이와 동시에 활대의
기울기를 따라 회전한 아래팔-손목-손등을 반대 방향으로 회전하면 <그림 143>과
같이 활의 중간 지점에서 활대가 세워지고, 오른팔은 활 끝을 향해 당길 자세를 취하게
됩니다. 이어서 활의 중간 지점에서 활 끝까지 팔꿈치-손목-손가락 관절의 합일된 운동을
실행합니다. 활 끝으로 갈수록 손가락 마디가 펴지고, 이로 인해 손가락 구조의 공간이
줄어듭니다.

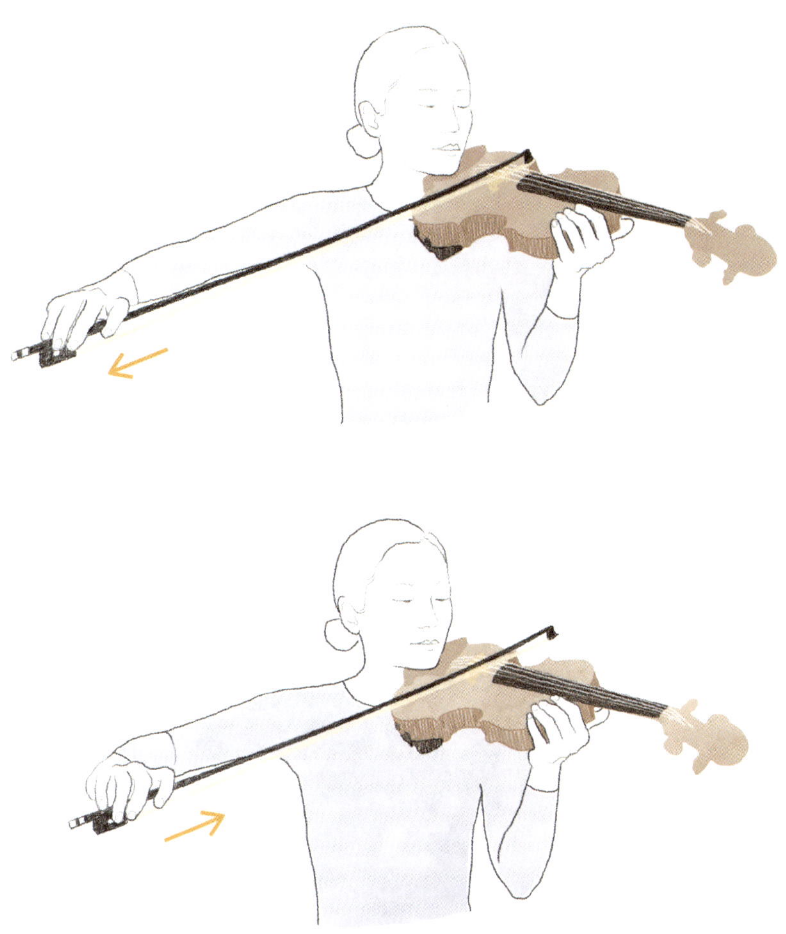

그림 144, 145

마디가 펴지더라도 활대 위, 아래로 다섯 손가락의 접점을 통해 당기는 힘을 의식합니다.
줄에 대한 대응값에 따라 솔줄에서는 느슨함을 유지하는 상태에서 당기는 힘을 의식하고,
반대로 미줄에서는 팽팽함을 유지하는 상태에서 당기는 힘을 의식합니다. 이어서 내림활과
마찬가지로 활 끝에서 활의 중간 지점까지 팔꿈치–손목–손가락 관절의 합일된 운동을
실행합니다. 당긴 만큼 밀어내어 내림활과 올림활을 같은 톤으로 맞춥니다. 활의 중간
지점에서 손가락 구조의 공간이 회복됩니다. 마무리로, 활의 중간 지점에서 활 밑까지
어깨관절의 회전운동과 함께 솔줄의 개방현 NSP에 알맞게 아래팔–손목–손등을 회전해
활대를 기울여줍니다.
4줄의 각도와 대응 조건이 다르므로 초반에 어색하고 서툰 과정이 있겠지만, 4줄 모두에서
동일한 방법으로 활 긋기를 실행하고, 활을 긋는다는 의미가 실제 줄을 당기고 미는 느낌으로
해석될 수 있다면 충분한 목표치에 도달했다고 볼 수 있습니다.

똑바르게 긋기

활을 똑바르게 그어야 하는 이유는 줄에 수직으로 교차할 때 줄을 당기고 밀 수 있기
때문입니다. 다시 말해, 활이 삐뚤어지면 줄을 당기고 밀 수 없으므로 줄의 떨림을
일으키지 못합니다. 나아가 줄의 떨림을 통해 생성된 울림으로 음표의 길이를 채워
리듬을 구사할 수 있으므로, 활을 똑바르게 긋는다는 것은 곡의 주제를 분명하게
전달하기 위한 가장 기초적이고 필수적인 테크닉이라 할 수 있습니다. 개방현 온활
긋기를 실행하면서 활이 똑바르지 않다면 다음의 3가지 사항을 확인해 봅시다.

설정 : 악기와 활의 적정 거리

앞서 어깨받침의 주소를 알맞게 설정하였더라도 자신의
오른팔 길이에 따라 악기와 활의 거리가 적절치 않을 수
있습니다. 예컨대, 팔꿈치를 다 펴고도 활을 끝까지 긋지
못한다면 또는 미줄에서 활 긋기를 브릿지 가까이에서
실행하지 못하고 지판 쪽으로 밀린다면 이는 악기와 활의
거리가 멀기 때문입니다. 반대로 악기와 활의 거리가
가까우면 동작을 채 실행하기도 전에 활이 몸통 바깥쪽으로

쉽게 빠집니다. 또는 솔줄에서 활 긋기를 지판 가까이에서
실행하지 못하고 브릿지 가까이에 머물게 됩니다.
이처럼 악기와 활의 적정 거리는 활의 모든 범위에서 줄에
똑바르게 교차하고 활 긋기 동작을 바르고 원활하게 실행할
수 있으며, 또한 지판과 브릿지 사이를 아우를 수 있는
각도를 말합니다. 아래의 그림을 통해 악기와 활의 적정
거리를 찾는 방법에 대해 살펴보겠습니다.

그림 146, 147

먼저 악기와 활의 거리가 먼 경우는 <그림 146>과 같이
몸통의 아랫부분을 살짝 위로 높임과 동시에 악기의 머리를
자신의 몸통 쪽으로 가까이 가져옵니다. 만약 미줄의
개방현 NSP에서 오른손이 악기 몸통의 튀어나온 부분과
부딪힌다면 악기의 머리를 자신의 몸통 쪽으로 좀 더
가까이 가져와 활 긋기를 원활하게 실행할 수 있는 공간을
마련합니다. 반대로 악기와 활의 거리가 가까운 경우에는
<그림 147>과 같이 몸통의 아랫부분을 살짝 아래로 낮춤과
동시에 악기의 머리를 자신의 몸통에서 멀어지게 합니다.

활을 그어봄으로써 악기와 활의 거리가 적정한지 확인할 수
있으며, 우리 몸이 얼마나 섬세하고 입체적인지 이해한다면
약간의 조정만으로 자신에게 꼭 맞는 옷을 걸쳐 입듯
악기와 활의 적정 거리를 찾을 수 있을 것입니다.
참고로 <그림 146>과 <그림 147>은 이해를 돕기 위한
것으로 실제로 악기의 머리가 심하게 아래로 쳐지거나 위로
들리지 않습니다.

실행 방법 : 관절의 역할 의식하기

활을 똑바르게 긋지 못하는 이유 중 하나는 관절의 역할을
의식하지 않기 때문입니다. 흔히 하는 실수로, 밑반활을
그을 때 어깨관절의 회전운동을 의식하지 않으면 활을 잡은
손가락을 통해 활 긋기를 실행하고 맙니다. 이는 오랜 시간
연필이나 펜을 쥐고 글씨를 써온 데 익숙해진 데다 각별히
주의를 기울이지 않으면 그동안 강하게 인식된 자극에 따라
동작을 실행하려는 습성 때문입니다.
활을 올려놓을 때도 마찬가지입니다. 어깨관절의
회전운동을 의식하지 않으면 무리하게 손가락을 통해 활과

오른팔을 줄 가까이에 끌고 갑니다. 이로 인해 오른팔이
경직되며, 어깨를 올리는 잘못된 습관이 생기게 됩니다.
그뿐만 아니라 4줄의 각도를 정확히 맞추지 못합니다.
즉, 줄과의 밀착을 이루지 못한 불안정한 상태에서 다시
손가락을 통해 활 긋기를 실행하게 됨으로써 활을 똑바르게
긋지 못하고, 활을 힘주어 잡는 습관이 고착됩니다.
그러므로 관절의 역할을 이해하되, 자신의 동작을 관찰하는
것이야말로 주법을 올바르게 익히는 과정이라 할 수
있습니다.

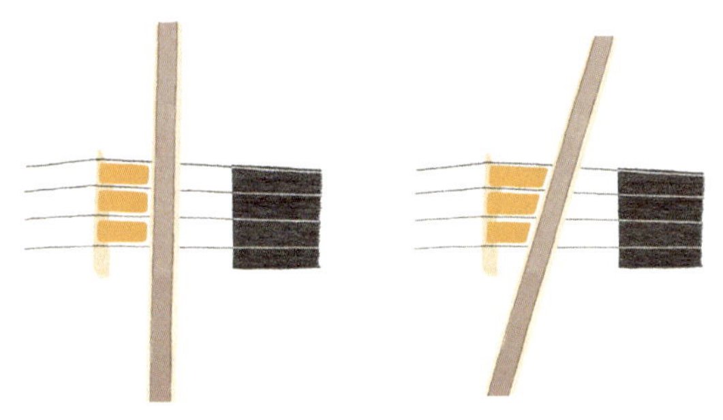

그림 148 , 149

활을 똑바르게 긋는지 확인하고 싶다면 활 긋기를 멈춘 상태에서
팔꿈치 구조의 높이를 위, 아래로 조절해 3개의 변의 길이가
같은지 확인합니다. 다를 경우 어느 쪽으로 삐뚤어졌는지
살펴봅니다.

조절 능력 : 활의 바탕은 줄이다

악기와 활의 적정 거리를 설정하고, 관절의 역할을 의식해
동작을 실행하는데도 활을 똑바르게 긋지 못한다면 그
이유는 줄과의 대응이 맞지 않기 때문입니다. 줄은 활
아래에서 어떠한 조건을 갖춘 바탕이 되므로 활 긋기는
항상 줄에 대응하는 아이디어로부터 실행해야 합니다.
4줄의 각도를 전제로 알맞은 대응 지점과 대응 면적, 어느
정도의 텐션으로 당기고 밀지와 같이 줄에 대한 대응값을
적용해 활 긋기를 실행하면 줄과의 교차점을 똑바르게 이어
나갈 수 있고, 근사한 울림을 연출할 수 있습니다. 또한,
온활 긋기의 울림은 앞서 피치카토로 소리 낸 짧은 울림의
연장선이라 할 수 있습니다. 단순한 모방의 차원에서 4줄의
개방현을 피치카토로 소리 내어 듣고 활 긋기를 하면 그
울림을 기준으로 4줄의 텐션 범위를 보다 명확하게 구축할
수 있을 것입니다.

우리가 현악기 연주자로서 4줄의 텐션 범위를 구축해야
하는 이유는 4줄의 텐션을 바탕으로 음의 높고 낮음을
느낄 수 있기 때문입니다. 내면의 깊은 곳에서부터 서서히
채워지는 울림으로 모든 음을 충분히 듣고 느낄 수 있다면
이는 모든 색을 볼 수 있다는 말과 같을 것입니다. 만약
4줄의 텐션 범위가 구축되지 않은 상태에서 연주하면 곡에
담긴 모든 음은 마치 일률적 선상에 갇힌 아무런 빛깔 없는
색으로 여겨질 것이기 때문입니다.
매일같이 전공자들이 하는 스케일(Scale, 음계) 연습은
정확한 음정을 짚기 위한 훈련이기도 하지만, 개인적으로
그 진정한 의미는 모든 음을 있는 그대로 듣고, 느끼고,
받아들이기 위함이라고 생각합니다. 들을 수 있는 만큼 볼
수 있고, 볼 수 있는 만큼 새로이 들을 수 있는 것. 곧 수용의
태도는 세계를 향한 사유로 이어져 이 세상에 수많은
예술가가 존재하는 이유일 것입니다.

소리의 결과

'소리가 끅끅거리거나 획 날린다.'

현악기를 다뤄본 사람이라면 누구나 자신의 의도와 소리의 결과가 다를 수 있다는 점에 공감할 것입니다.
이러한 현상은 왜 발생할까요? 위 문장에 표현된 동사들로 미루어 짐작해 볼 때 적절치 않은 압력과 속도에
영향을 받아 순간적으로 줄과의 대응이 맞지 않았던 것으로 이해할 수 있습니다. 대체로 활의 양쪽 끝부분에서
발생하는데, 그 이유는 활의 균형을 취해야 하는 두 위치에서 활털의 성질이 극명하게 다르기 때문입니다.
하지만 이러한 경험은 입문 단계에서 누구나 흔히 겪는 과정일 뿐 다음의 2가지 요령을 익히면 쉽게 해결할 수
있습니다.

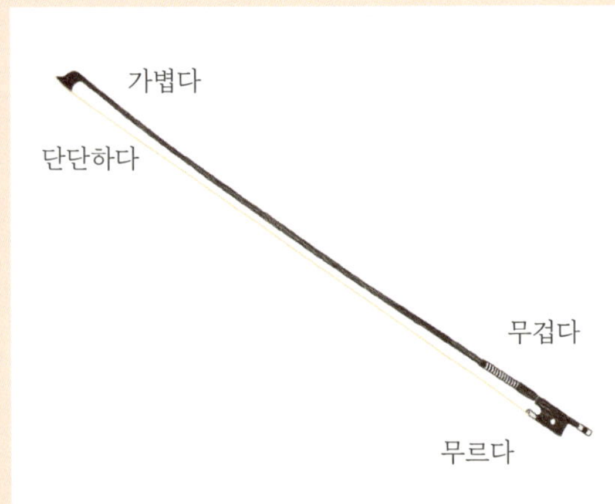

그림 150

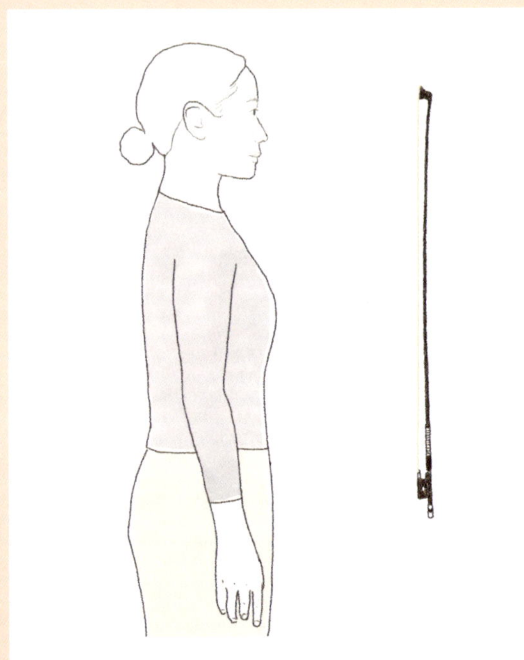

그림 151

압력과 속도 조절

첫 번째 방법은 활의 위치에 따라 압력과 속도를 조절하는
것입니다. 먼저 활 밑은 무게가 무거운 데 반해 활털의 성질이
무르기 때문에 지나친 압력이 가해지면 소리가 끅끅거리고 활
긋기가 더뎌집니다. 따라서 활 밑 부근에서는 각 줄의 텐션에
대응하는 아이디어 외에 압력을 더하지 않으며, 활 밑의 무게에
영향을 받지 않도록 둔하지 않은 속도감을 익힙니다. 반대로
활 끝은 무게가 가벼운 데 반해 활털이 단단한 성질로 이루어져
있습니다. 압력이 충분치 않으면 줄과의 밀착이 이루어지지 않아
속도가 빨라지고 획 날리는 소리를 내게 됩니다. 따라서 활 끝
부근에서는 검지손가락에 실리는 오른팔의 무게를 의식해 압력을
채워주는 동시에 살짝 느긋한 속도감을 익힙니다.
이처럼 활의 양쪽 무게와 활털의 성질을 고려해 활의 균형감을
키우는 것이 소리를 매끄럽게 내는 비결이라 할 수 있습니다.

호흡하기

두 번째 방법은 우리가 가진 능력 중에 가장 기본적인 기능으로써
효과를 발휘하는 호흡하기입니다. 우리가 평소 호흡할 때 꾹꾹
누르지 않듯이 또는 획 날리지 않듯이, 즉 활 긋기를 호흡에 맡겨
활 길이 전체를 자신이 호흡하는 길이로 보는 것입니다.
들이마셨다가 내쉬는 호흡에 활을 올려놓고 이어서 내림활에서는
줄을 당기는 느낌으로 들이마시고, 올림활에서는 줄을 미는
느낌으로 내쉽니다. 호흡이 안정적일수록 압력과 속도를 조절하는
데 아주 적절하게 작용하며, 활 긋기 동작이 더욱 자연스러워지고
충실해집니다.

여러 음표의 길이에 대한 온활긋기

활을 똑바르게 긋고 소리를 매끄럽게 낼 수 있으면 여러 음표의 길이에 대한 온활 긋기를
실행할 수 있고, 울림의 모양을 변화시킬 수 있습니다.

악보를 볼 때는 음표의 길이를 숫자 세듯이 하나, 둘, 셋, 넷으로 읽지 않습니다. 계이름으로
울림을 생성하듯, 아래와 같이 온음표(4박자)의 경우 쏘-오-오-올, 레-에-에-에, 라-아-
아-아, 미-이-이-이로 읽습니다.

온음표, 4박자 온활

그림 152, 153

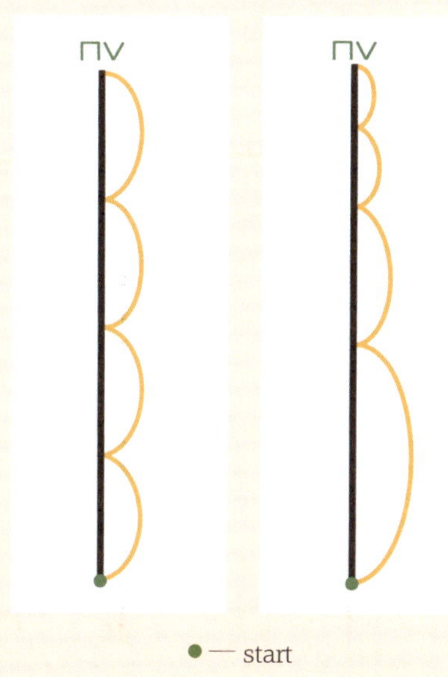

음표의 길이를 파악하면 먼저 <그림 152>와 같이 1박자 단위에 4분의 1가량씩
나누어 온활 긋기를 합니다. 활대에 스티커를 붙여 활 긋기의 범위를 표시할 수
있습니다. 일정한 길이와 속도에서 활 긋기를 익히면 <그림 153>과 같이 활의
길이와 속도를 달리해 실행합니다. 일정한 길이와 속도의 활 긋기와 비교할 때
울림의 모양이 달라짐을 알 수 있습니다. 예컨대 내림활에서는 울림의 모양이
점점 작아지고, 올림활에서는 울림의 모양이 점점 커집니다. 이는 악상기호인
dim. (diminuendo, 디미누엔도·점점 작게)와 *cresc.* (crescendo, 크레센도·
점점 크게)를 실행한다고 볼 수 있습니다.

일정한 길이와 속도에서 활을 긋는 것을 발음이라 하면, 활의 길이와 속도를 달리해
울림의 모양을 변화시키는 것을 발성이라 할 수 있습니다. 활 긋기를 하는 데 있어
발음에 기초하지 않고서야 발성을 실행할 수는 없지만, 오로지 발음 단계에만
머무르면 곡에서 요구하는 음과 음 사이의 흐름을 나타내지 못합니다. 따라서 항상
활 긋기 연습은 울림의 모양을 어떻게 변화시킬지에 중점을 두어 발음 연습을
기초로 삼아 발성 연습으로 나아가도록 합니다.

빠르기와 활대의 기울기

4박자 온활 긋기를 익히면 3박자, 2박자, 1박자 온활의 순서로 각각 4줄의
개방현에서 발음과 발성 연습을 합니다. 이때 음표의 길이가 짧아짐에 따라 활 밑
부근을 기준으로 활대를 조금씩 기울여줍니다. 활털이 촘촘하게 구성되어 약간의
조정만으로도 알맞게 대응할 수 있습니다.

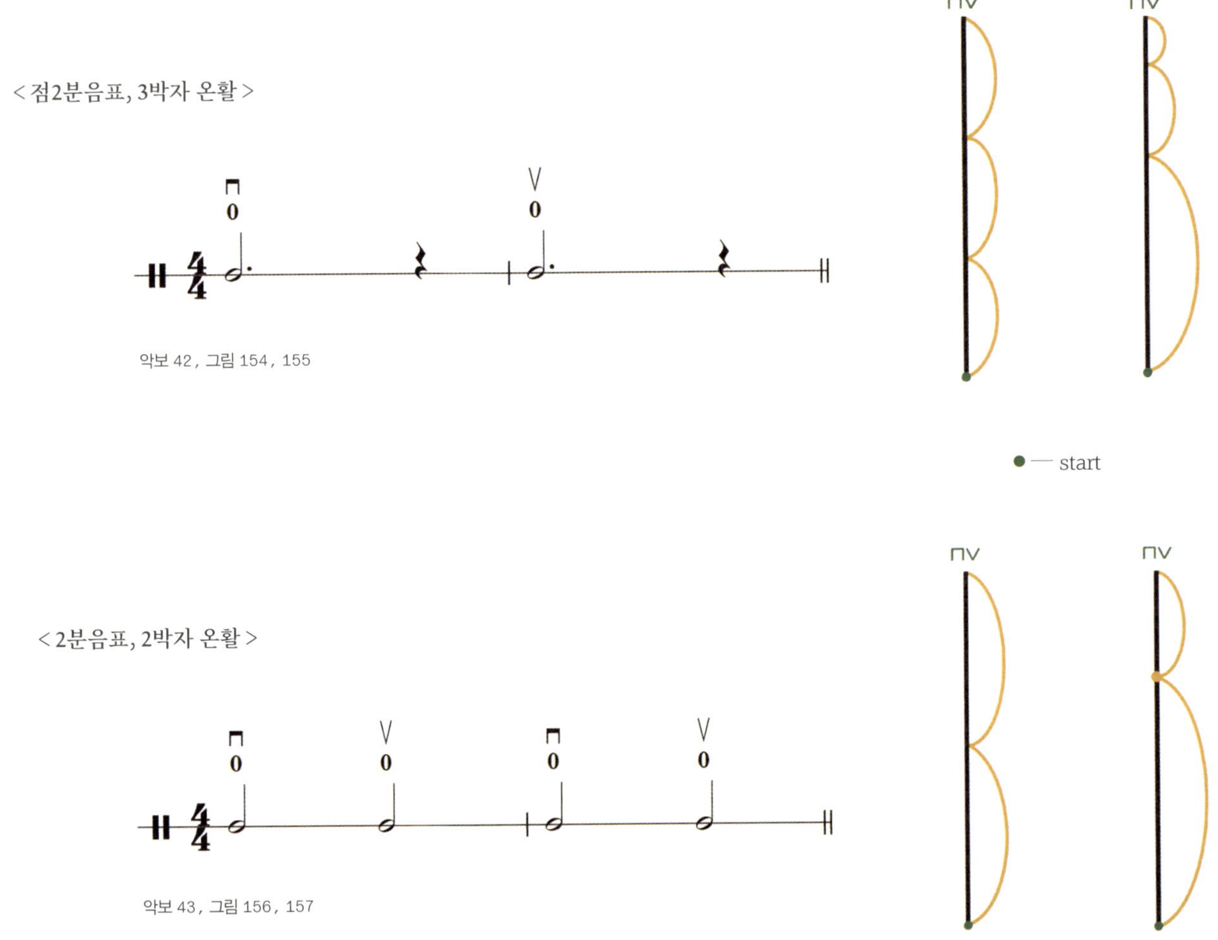

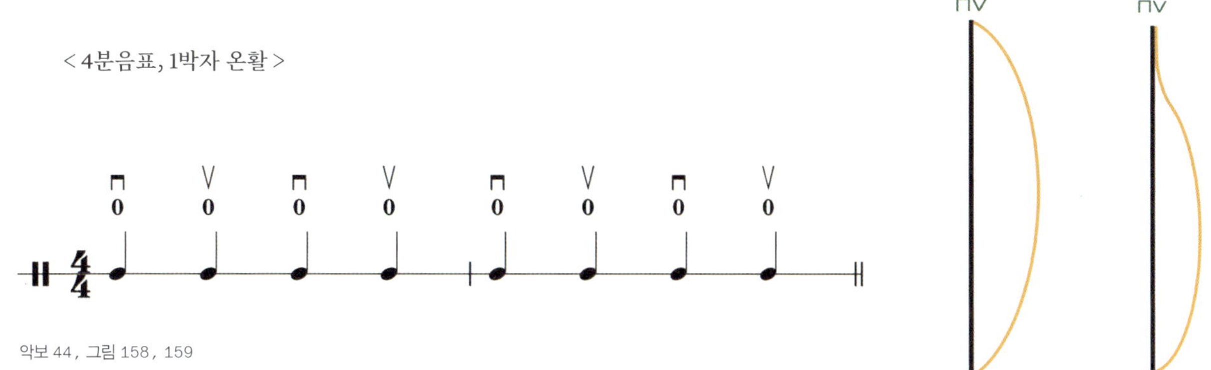

악보 44, 그림 158, 159

1박자 온활 긋기를 할 때는 오른손으로 낚아채지 않도록 주의합니다. 음표의 길이 안에서 밑반활과 윗반활의 동작을 분명히 나타내며, 활 밑과 활 끝 부근에서 세밀한 균형감이 필요합니다.

동작이 익숙해지면 울림음인 모음에 집중해 실행합니다. 만약 개방현 연습이 부담스럽거나 지루하다면 소리를 줄여주는 약음기(Mute)를 사용하거나 운지번호를 적용해 줍니다.

이처럼 4박자에서 1박자에 이르기까지 다양한 빠르기의 온활 긋기를 연습합니다. 익숙한 듯 낯선 경험으로, 이를테면 시간상의 동작들을 익혀봄으로써 다음 주제인 활 긋기의 패턴을 실행하는 단계로 나아갈 수 있습니다.

활 긋기의 기본패턴 4가지

Pattern 1. 온활과 반활

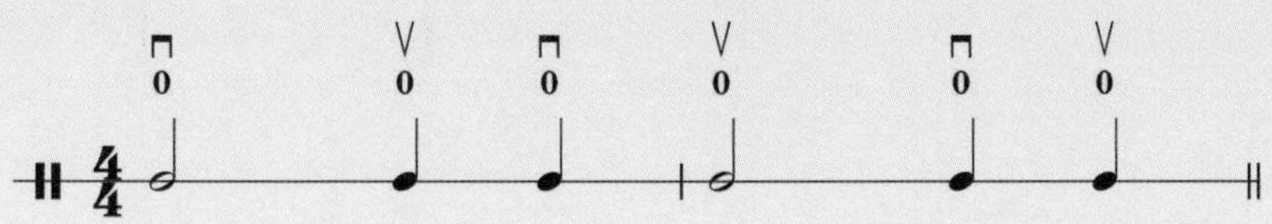

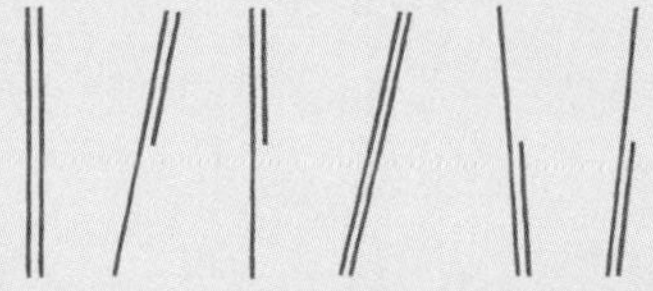

악보 45 , 그림 160

2분음표는 온활, 4분음표는 반활로 구성된 패턴입니다. 먼저 1박자 단위에 반활씩 그어 발음 동작을 익힙니다. 그런 다음 올림의 모양을 내림활에서는 점점 작게, 올림활에서는 점점 크게 나타내어 발성 동작을 익힙니다. 각각 4줄의 개방현에서 실행합니다.

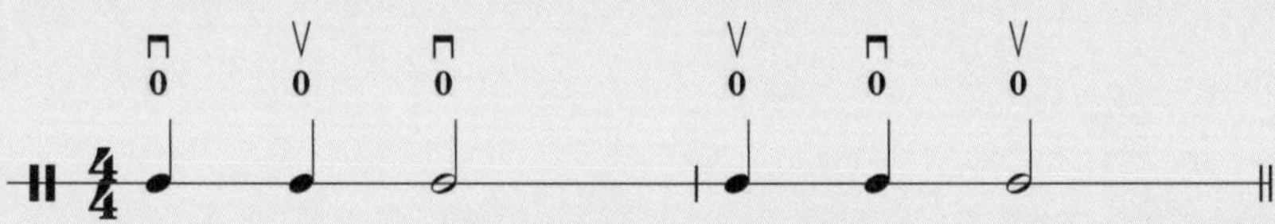

악보 46

온활과 반활의 순서를 바꿔 <악보 46>으로도 연습합니다.

악보 47

<악보 47>은 '학교 종' 곡에서 Pattern 1이 사용된 예입니다.

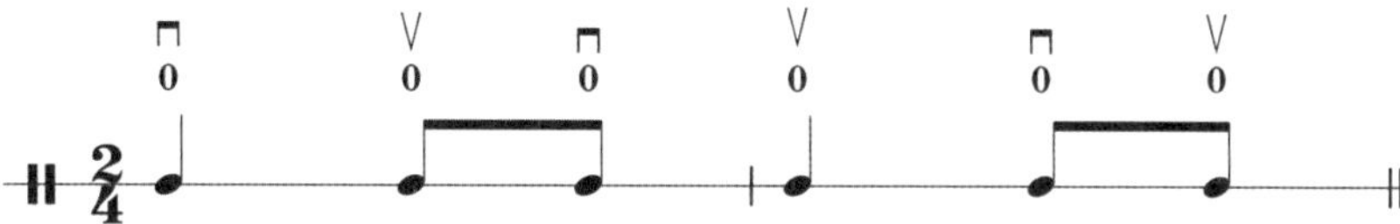

악보 48, 그림 161

4분음표는 온활, 8분음표(♪, 반 박자)는 반의 반활로 구성된 패턴입니다. Pattern 1과 비슷하지만 비교적 빠른 온활로 구별됩니다. 2박자에서 1박자 온활로 음표의 길이가 짧아짐에 따라 활 밑 부근을 기준으로 활대를 살짝 기울여주고, 반활에서 반의 반활을 실행함에 따라 오른팔과 어깨관절의 가동 범위 크기를 줄여줍니다. 발음과 발성 동작을 각각 4줄의 개방현에서 익힙니다.

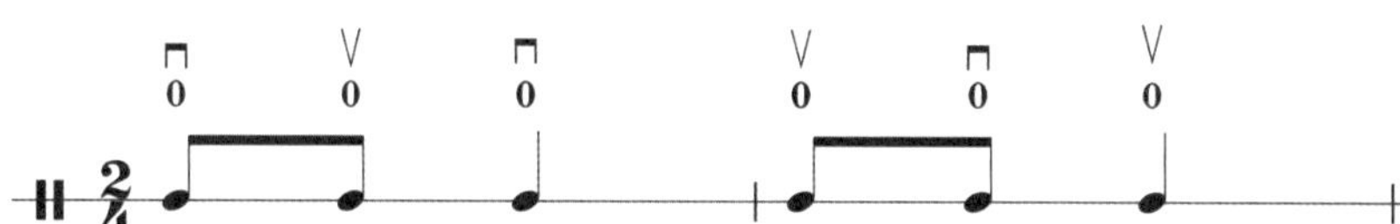

악보 49

온활과 반의 반활의 순서를 바꿔 <악보 49>로도 연습합니다.

악보 50

<악보 50>은 '생일 축하합니다' 곡에서 Pattern 2가 사용된 예입니다.

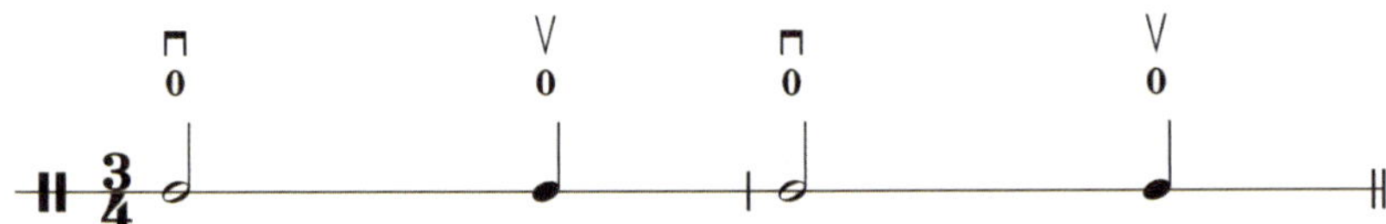

2분음표는 느린 온활, 4분음표는 빠른 온활로 구성된 패턴입니다. 느린 온활에서 빠른 우.활, 빠른 온활에서 느린 온활로 바뀔 때, 즉 온활의 빠르기 변화에 따라 활 밑 부근을 기준으로 활대의 기울기를 조절합니다.

발음과 발성의 차이에 있어, 2분음표 느린 온활을 1박자 단위에 반활씩 그을 때보다 울림의 모양을 점점 작게 실행할 때 4분음표 빠른 온활과의 연결이 자연스럽습니다. 이로써 느린 활은 단순히 '느리게'가 아니라 느린 속도와 빠른 속도의 구성임을 알 수 있습니다. 같은 맥락으로 느린 악절에서 곡의 흐름이 부분적으로 빠를 수 있고, 빠른 악절에서 곡의 흐름이 부분적으로 느릴 수 있습니다.

악보 51, 그림 162

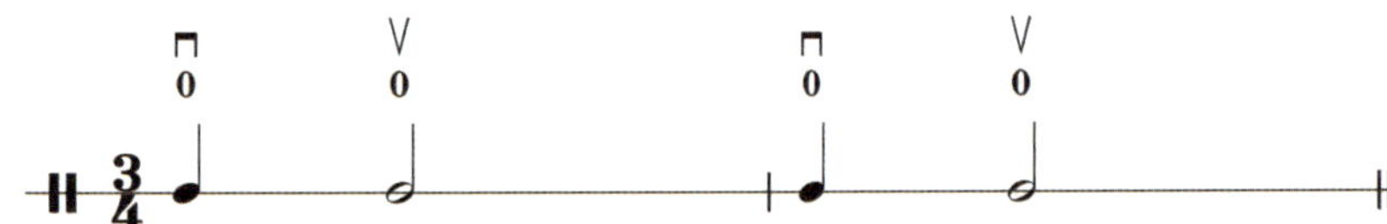

악보 52

느린 온활과 빠른 온활의 순서를 바꿔 <악보 52>로도 연습합니다.

악보 53

<악보 53>은 '생일 축하합니다' 곡에서 Pattern 3이 사용된 예입니다.

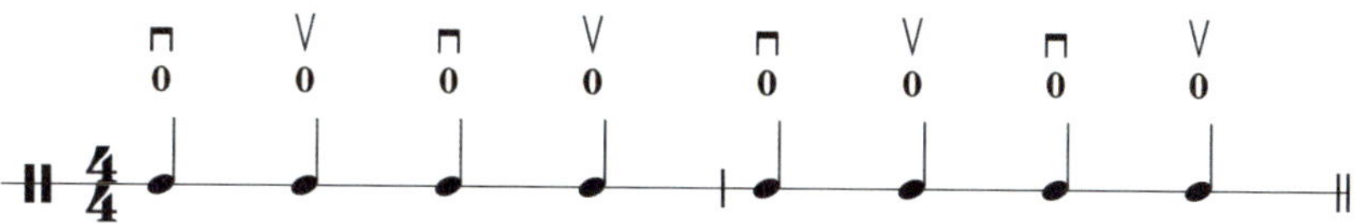

악보 54, 그림 163

똑같은 길이의 음표가 이어지는 패턴에서는 중간활을 사용합니다.
먼저 <그림 163>과 같이 중간활의 범위를 활대에 스티커로
표시한 후, 온활 긋기를 실행해 동작의 자연스러운 흐름에 따른
중간활의 자세와 동작을 살펴봅니다. 그런 다음 4줄의 개방현에서
발음과 발성 연습을 합니다.

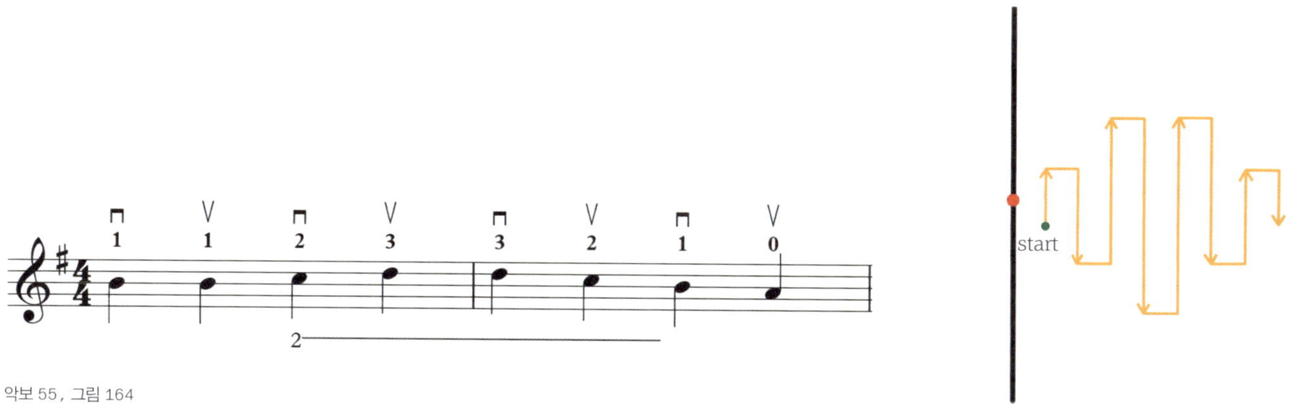

악보 55 , 그림 164

<악보 55>는 '환희의 송가' 곡에서 Pattern 4가 사용된 예입니다.
위 <그림 163>을 통해 중간활의 범위를 익혀 보았다면, <악보
55>에서 음이 상행하고 하행함에 따라 <그림 164>와 같이
중간활의 범위 내에서 활을 점점 길게 그었다가 점점 짧게 그어
4줄의 개방현에서 발음과 발성 동작을 익힙니다. 범위를 조절하는
데 있어 작은 오차에 연연하지 않으며, 흐름에 중점을 두어
실행합니다.

다른 줄로의 이동

다른 줄로의 이동은 각도와 대응 지점의 변화를 의미합니다. 먼저 각도 조절은
팔꿈치 구조를 통해 실행합니다. 이어서 대응 지점의 변화에 따라 어깨 스윙의
범위를 넓혀주거나 좁혀줍니다. 아래의 예를 통해 자세히 살펴보겠습니다.

<악보 56>은 '학교 종' 곡에서 Pattern 1을 바탕으로 레줄에서 솔줄로 이동하는 예입니다.
아직 양팔의 주법을 실행하기 전이므로 실제로는 <악보 57>과 같이 개방현으로
연습합니다.

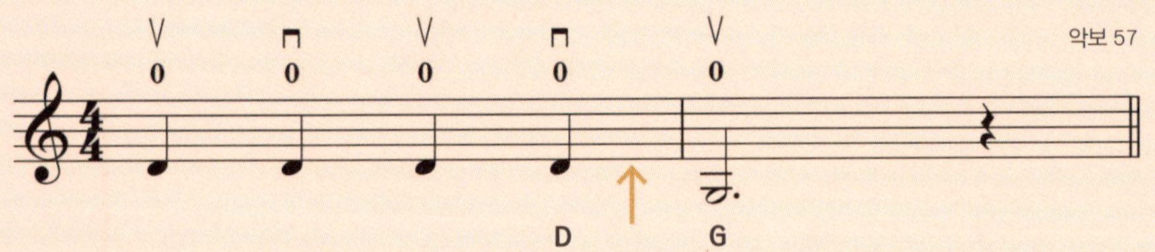

그림 165

먼저 내림활로 활 끝에서 마친 상태에서 팔꿈치 구조를 통해
각도를 기울여줍니다. 이때 브릿지에 숨겨진 4줄 각도의 자를
떠올려 레줄의 기울기를 나타내는 면과 솔줄의 기울기를 나타내는
면 사이의 작은 곡선을 따라 실행합니다.
참고로 각도를 바꿀 때는 활대의 기울기를 그대로 유지한
상태에서 실행합니다.

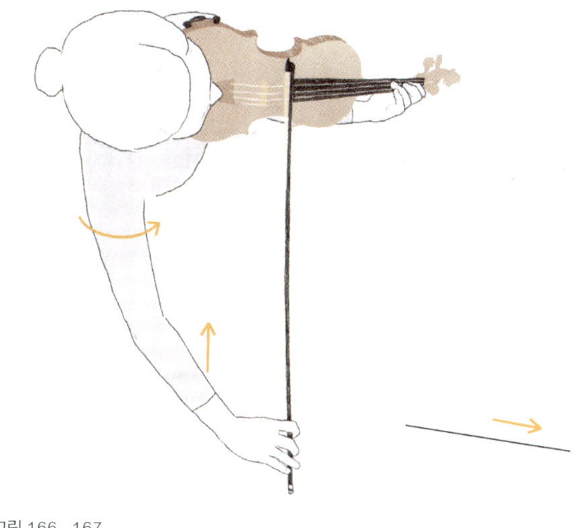

이어서 대응 지점이 지판 쪽으로 이동함에 따라 줄에 대한 대응값을 적용해 어깨 스윙의 범위를 넓혀줍니다. 이때 어깨관절의 회전운동과 함께 <그림 167>과 같이 줄의 경사도를 따라 '줄타기'를 실행합니다. 윗반활에서는 활대를 세운 상태로 유지하고, 밑반활에서는 솔줄의 개방현 NSP에 알맞게 활대를 기울여 내려 탑니다. 반대로 브릿지 쪽으로 이동할 때는 어깨 스윙의 범위를 좁히는 기반으로 활대를 세워 올라 타는 방식입니다.

줄을 내려 타는 동시에 올림활을 긋는 것이 어색하고 서투르겠지만, 동작이 익숙해지면 줄 타는 재미와 함께 음색의 변화를 경험할 수 있습니다.

그림 166, 167

의식하기

생각만큼 동작이 쉽게 익혀지지 않습니다. 배움이 숙달되려면 생각의 몫을 넘어 의식의 몫이 필요합니다. 가령 생각의 몫이 주법의 내용을 이해하거나 곡을 파악하고 연주를 구상하는 데 있다면, 즉 어떠한 목표나 결과치를 도출하기 위한 것이라면 의식의 몫은 지금, 현재에 일어나야 할 과정들을 도출시킵니다. 무엇을 하기에 충분한 시간인가에 집중함으로써 불필요한 움직임을 통제하고, 이로써 움직임의 가능성을 극대화합니다.

이처럼 의식의 몫을 실행하는 방법은 머릿속에 이미지를 생성하고, 그것을 반복해서 연상하는 것입니다. 무조건 악기를 쥐고 있다고 해서 연습이 충분해지는 것은 아니며, 악기를 다루는 시간과 그렇지 않은 시간의 연속성을 위해서라도 우리는 곧잘 의식의 몫을 취해야 합니다.

호흡과 함께

동작과 동작을 연결하려면 호흡과 함께 실행합니다. <악보 57>의 경우, 들이마시는 호흡에 내림활로 레줄을 긋고 팔꿈치 구조를 통해 각도를 기울여줍니다. 이어서 내쉬는 호흡에 어깨관절의 회전운동과 함께 줄타기를 실행함과 동시에 올림활을 긋습니다. 활 긋기와 호흡이 하나가 되면 소리의 울림을 고스란히 느낄 수 있습니다.

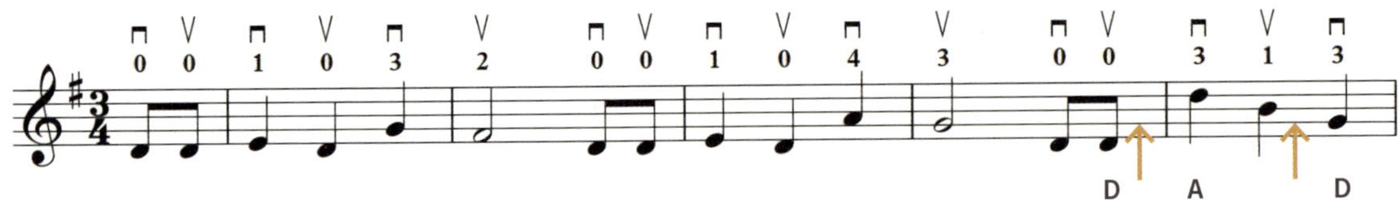

<악보 58>은 '생일 축하합니다' 곡에서 Pattern 2를 바탕으로 레줄에서 라줄로
이동했다가 다시 레줄로 이동하는 예입니다. 실제로는 <악보 59>와 같이
개방현으로 연습합니다.

먼저 레줄에서 라줄로 이동할 때는 <그림 168>과 같이
올림활로 활 밑에서 마친 상태에서 팔꿈치 구조를 통해
각도를 기울여줍니다. 이어서 대응 지점이 브릿지 쪽으로
이동함에 따라 줄에 대한 대응값을 적용해 <그림 169,
170>과 같이 어깨 스윙의 범위를 좁히는 기반으로
줄타기를 실행함과 동시에 내림활을 그어줍니다.
다시 라줄에서 레줄로 이동할 때는 올림활로 활 밑에서
마친 상태에서 팔꿈치 구조를 통해 각도를 기울여줍니다.
이어서 대응 지점이 지판 쪽으로 이동함에 따라 줄에 대한

대응값을 적용해 어깨 스윙의 범위를 넓히는 기반으로
줄타기를 실행함과 동시에 내림활을 그어줍니다.
동작이 서툴수록 활의 균형이 안정적이지 않기 때문에
일시적으로 소리에 영향을 줄 수 있지만, 움직임의 역할이
바르지 않아 균형을 깨트리는 경우가 아니면 크게 연연하지
않습니다. 원활한 동작의 흐름은 주법에 대한 올바른
이해를 바탕으로 충만한 호흡을 통해 기대할 수 있습니다.
의식의 통제 아래 하나의 연결 동작으로 완성될 때까지
호흡과 함께 반복해서 연습합니다.

슬러(Slur)와 타이(Tie)

슬러(Slur)는 음높이가 다른 2개 이상의 음표를 연결한 것으로 이음줄이라고도 합니다. 음높이가 같은 2개 이상의 음표를 연결하는 타이(Tie), 붙임줄과 구별됩니다. 대체로 슬러와 타이는 음과 음 사이를 부드럽게 연결하는 목적으로 사용되며 한 활, 즉 같은 방향으로 실행합니다. 음표의 개수에 따라 활 긋기의 범위를 나누되, 슬러의 경우 음이 상행하는 쪽으로 범위를 넓혀주고, 반대로 음이 하행하는 쪽으로 범위를 좁혀줍니다. 또한, 음높이가 같은 타이의 경우 곡의 흐름에 따라 울림의 모양을 파악해 활 긋기의 범위를 나누어줍니다.

<악보 61>은 '환희의 송가' 곡에서 슬러를 내림활로 한 줄에서 실행하는 예입니다.

두 줄에서의 슬러

악보 63, 그림 171

두 줄에서 슬러를 실행할 때는 다른 줄로의 이동 방법이 적용됩니다. 위 <악보 62>는 '환희의 송가' 곡에서 내림활로 라줄에서 레줄로 이동하는 예입니다. 실제로는 <악보 63>과 같이 개방현으로 연습합니다.

먼저 <그림 171>과 같이 활 긋기의 범위를 나누어준 후 라줄의 개방현을 활 밑부터 표시한 위치까지 긋습니다. 이어서 팔꿈치 구조를 통해 각도를 기울여주고, 줄에 대한 대응값을 적용해 어깨 스윙의 범위를 넓히는 기반으로 줄타기를 실행함과 동시에 레줄의 개방현을 같은 방향으로 그어줍니다.

양팔 주법의 실행

부분적 완성, 파트 연습

<왼손의 운지>
양팔의 주법을 실행하기 위해서는 먼저 왼손의 운지가
분명해야 합니다. 활 긋기는 운지한 음을 소리내기
때문입니다. 만약 운지 연습이 충분치 않은 상태에서 활
긋기를 병행하면 소리가 지저분해지고 자주 버벅거려
곡의 흐름이 끊어집니다. 그뿐만 아니라 연주자 자신의
감상적인 흐름 또한 깨져 곡에 대한 흥미가 떨어집니다.
따라서 효율적인 연습과 더불어 제한된 시간 내에 곡을
완성하기 위해서는 항상 왼손의 운지를 우선 과제로 삼아야
합니다. 특히 입문 단계에서는 운지의 기초가 되는 왼팔의
기본자세를 바르게 수행하였는지 살펴봅니다. 예컨대
어깨관절의 회전운동으로부터 팔꿈치를 몸통 안으로
향하게 하고, 아래팔이 회전하는 방향을 따라 악기의 목을
비스듬하게 감싸는 모양으로 왼손의 두 접점을 알맞은

높이로 기대고 받쳤는지, 운지의 요령에 따라 접점의
기울기와 회전운동을 바탕으로 해석된 운지번호의 손가락
모양을 실행했는지 확인합니다.

<개방현으로 활 긋기>
활 긋기의 패턴을 파악한 후 운지가 실행되는 줄, 활의
빠르기를 고려해 알맞은 대응 지점과 대응 면적, 대응값을
취해 개방현으로 활 긋기를 합니다. 패턴을 이해하되, 다음
3곡과 같이 익숙한 곡을 다룰 때는 패턴의 틀에 얽매이지
않고 활 긋기를 호흡에 맡겨 자신의 노래를 바탕으로
더욱 자연스럽게 실행합니다. 다른 줄로 이동할 때는
각도와 대응 지점의 변화에 따른 움직임의 역할을 바르게
의식합니다.

양팔 주법의 실행

파트 연습을 마치면 양팔의 주법을 실행합니다. 먼저 첫 음을 운지한 후 내림활을
기준으로 들이마셨다가 내쉬는 호흡에 활을 올려놓습니다. 이어서 들이마시는
호흡에 활 긋기를 통해 운지한 음을 소리 냅니다. 다른 줄로 이동할 때는 주법 간의
타이밍에 대한 이해가 필요합니다. 아래 <악보 64>를 통해 살펴보겠습니다.

먼저 계이름 '미'를 1번 손가락으로 짚고, 내림활로 윗반활을 그어 운지한 음을
소리 냅니다. 계이름 '미'의 울림이 나는 동안 접점의 기울기와 회전운동을 실행해
계이름 '도'를 3번 손가락으로 짚고, 팔꿈치 구조를 통해 레줄에서 솔줄로 각도를
조절합니다. 이어서 줄에 대한 대응값을 적용해 어깨 스윙의 범위를 넓히는
기반으로 줄타기를 실행함과 동시에 올림활을 그어줄 때 1번 손가락을 떼주고 곡의
진행에 따라 운지의 실행을 마칩니다. 마침음이 아닌 경우에는 다음 음의 운지를
준비합니다. 즉, 운지의 실행은 항상 활 긋기의 실행에 앞서 이루어져야 합니다.

School bell

학교 종

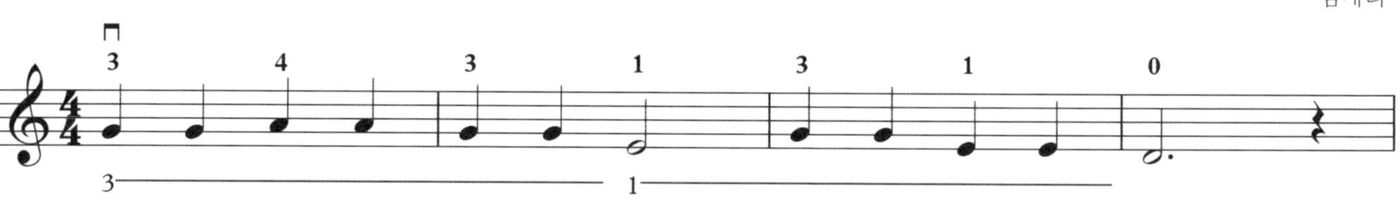

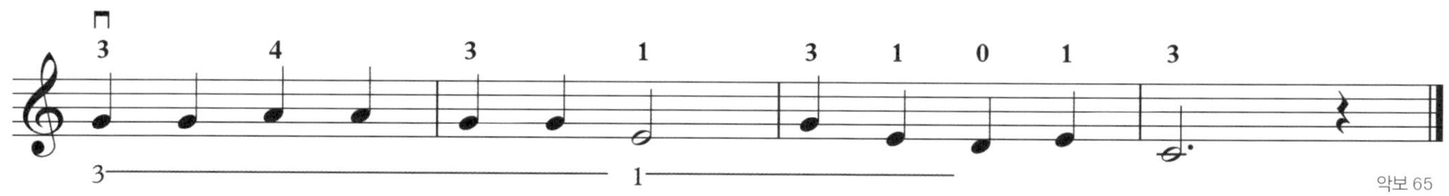

< 개방현 활 긋기 연습 >

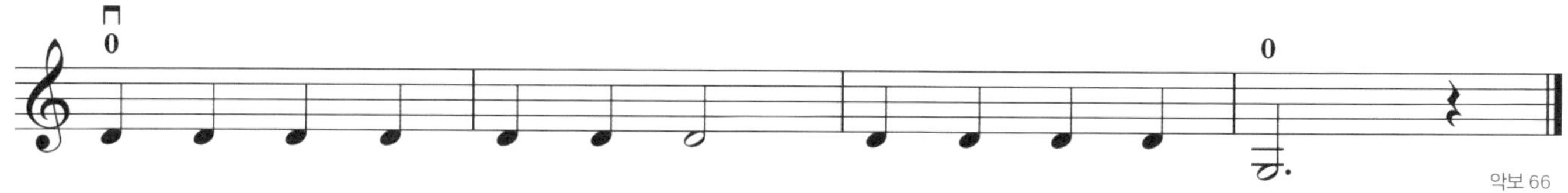

양팔 주법에 대하여

Happy Birthday to You

생일 축하합니다

작자 미상

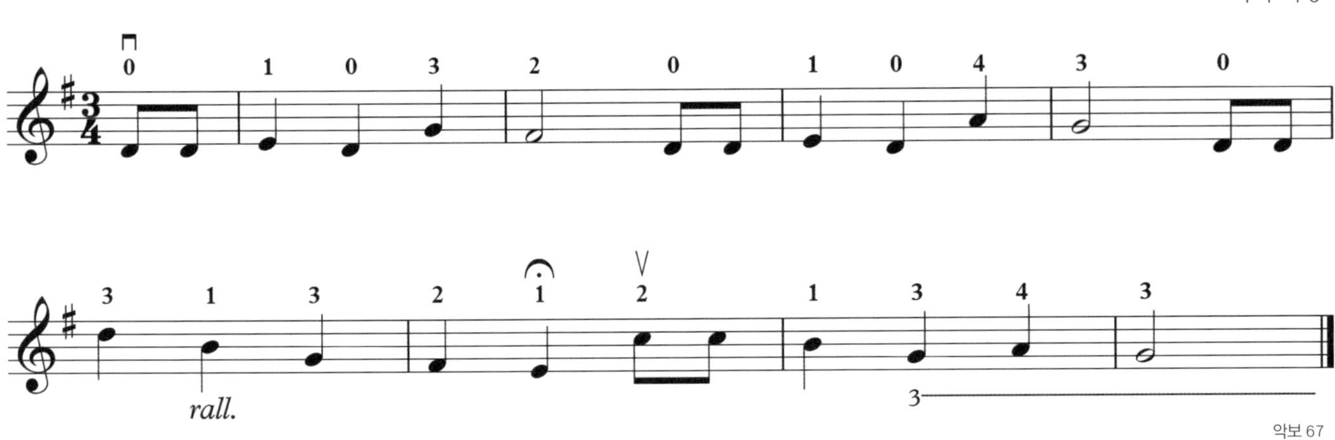

< 개방현 활 긋기 연습 >

Ode to Joy

환희의 송가

< 개방현 활 긋기 연습 >

✳ 이 곡에서는 1마디부터 중간활의 패턴을 실행하다가 3마디, 넷째 박의 올림활에서 활 밑까지 그어 4마디의 내림활을 온활 범위로 실행합니다. 이어서 올림활에서 5마디의 첫째 박을 중간 지점 부근에서 시작하기 위해 활 밑까지 긋지 않습니다. 7마디에서 8마디, 11마디에서 12마디, 15마디에서도 같은 방식으로 진행합니다. 10마디와 11마디의 경우에는 Pattern 2를 축소해 중간활의 범위에서 실행하는 것으로 이해합니다. 또한, 개방현으로 연습함에 따라 슬러를 타이로 실행하는 부분에서는 곡의 흐름에 따라 울림의 모양을 파악해 활 긋기의 범위를 나누어주고 그에 따라 실행합니다.

악보의 구성

연습 요령

레퍼토리 완성

Stage 1

내 주를 가까이(Nearer My God to Thee) / 로웰 메이슨(Lowell Mason)
아리랑(Arirang) / 경기 민요
고요한 밤 거룩한 밤(Silent Night Holy Night) / 프란츠 그루버(Franz Gruber)

비브라토

Stage 2 & Stage 3

사장조 미뉴엣(Minuet in G Major BWV Anh. 114) / 요한 세바스찬 바흐(Johann Sebastian Bach)
사장조 미뉴엣(Minuet in G Major BWV Anh. 116) / 요한 세바스찬 바흐(Johann Sebastian Bach)
사냥꾼의 합창(Hunter's Chorus) / 칼 마리아 폰 베버(Carl Maria von Weber)

사장조 미뉴엣(Minuet in G Major) / 루드비히 판 베토벤(Ludwig van Beethoven)
마장조 미뉴엣(Minuet from String Quintet in E Major) / 루이지 보케리니(Luigi Boccherini)

쉬프팅

유모레스크(Humoresque) / 안토닌 드보르작(Antonin Dvorak)

악보의 구성

오선지는 악보를 그리기 위한 서식을 말합니다. 오선은 다섯
개의 줄을 뜻하며, 이를 바탕으로 곡을 표현하는 데 필요한 여러
기호들을 적절한 위치에 표시할 수 있습니다. 세로줄을 그어
마디를 나누고, 곡의 끝은 겹세로줄로 마무리합니다.

또한, 줄과 칸을 경계로 음의 높낮이를 나타냅니다. 오선을
벗어나는 음은 추가로 선을 그어 올려주거나 내려줍니다.

✳ 음자리표(Clef)

작곡자는 악기가 가진 음역대에 따라 알맞은 음자리표를 사용합니다. 음역대란 악기가 낼 수 있는 최저음에서 최고음까지의 범위를 말합니다. 현악기 중 가장 높은 음역대를 다루는 바이올린은 높은 음자리표를 사용하고, 중간 음역대를 다루는 비올라는 가온 음자리표, 낮은 음역대를 다루는 첼로와 더블 베이스는 낮은 음자리표를 사용합니다. 또한, 음자리표를 그리는 시작점을 기준으로 음의 위치를 지정해 높은 음자리표는 G clef, 가온 음자리표는 C clef, 낮은 음자리표는 F clef라고도 합니다.

✳ 조표(Key)

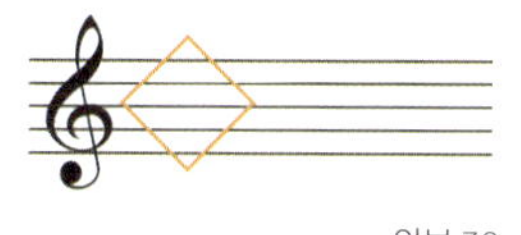
악보 76

조표는 곡의 조성을 나타냅니다. 각 곡의 조성은 조표에서 으뜸을 찾는 방법으로 알 수 있습니다. 다음의 예를 통해 살펴봅시다.

악보 77

먼저 #의 경우 <악보 77>을 예로 들면, 마지막 #의 다음 음인 계이름 '레'가 으뜸음이 됩니다. 이때 조표에서 찾은 으뜸음으로 곡을 마치면 장조, 3도 아래 음으로 마치면 단조입니다. 만약 '레'로 곡을 마치면 곡의 조성은 '레'의 알파벳 기호를 사용해 D Major, 즉 라장조입니다. 음계는 레미파#솔라시도#레, DEF#GABC#D, 라마바#사가나다#라입니다. 또한, '레'의 3도 아래 음인 '시'로 곡을 마치면 '시'의 알파벳 기호를 사용해 b minor, 즉 나단조입니다. 음계는 시도#레미파#솔라시, bc#def#gab, 나다#라마바#사가나입니다.

악보 78

♭의 경우는 마지막 ♭음에서 4도를 내리거나 끝에서 두 번째 ♭의 위치가 으뜸음이 됩니다. 예컨대 <악보 78>에서는 '미♭'이 으뜸음입니다. 만약 '미♭'으로 곡을 마치면 '미'의 알파벳 기호를 사용해 E♭ Major, 즉 내림 마장조입니다. 음계는 미♭파솔라♭시♭도레미♭, E♭FGA♭B♭CDE♭, 마♭바사가♭나♭다라마♭입니다. 또한, '미♭'의 3도 아래 음인 '도'로 곡을 마치면 '도'의 알파벳 기호를 사용해 c minor, 즉 다단조가 됩니다. 음계는 도레미♭파솔라♭시♭도, cde♭fga♭b♭c, 다라마♭바사가♭나♭다입니다.

참고로 조표에 아무 표시가 없는 경우 '도'로 마치면 '도'의 알파벳 기호를 사용해 C Major, 즉 다장조입니다. 음계는 도레미파솔라시도, CDEFGABC, 다라마바사가나다입니다. 또한, 3도 아래 음인 '라'로 마치면 '라'의 알파벳 기호를 사용해 a minor, 즉 가단조입니다. 음계는 라시도레미파솔라, abcdefga, 가나다라마바사가입니다.

✹ 박자(Time)

박자는 일정한 수의 박이 모여 마디를 이루는 음악의 시간적 개념입니다. 음악이 호흡과 함께 존재하고 실행되듯이 박자는 박과 박 사이의 흐름, 강약의 박자풍을 따를 때 그 개념이 완성되고, 어떠한 빠르기에서도 흔들리지 않는 꼴을 갖추게 됩니다. 아래 지휘하는 방식이 그러하며, 이를 통해 오케스트라의 단원들은 지휘자로부터 연주에 몰입할 수 있는 찰나의 타이밍을 부여받게 됩니다. 일종의 환영적(幻影的) 공간으로의 초대라 할 수 있습니다.

- 4/4

4/4는 4분의 4박으로 읽습니다. 한 마디 안에 4분음표가 4개 있는 것을 뜻하고, 4분음표 1개를 1박으로 봅니다. 박자풍은 강, 약, 중강, 약입니다. 박자풍을 따라 <그림 172>와 같이 지휘해 봅시다.

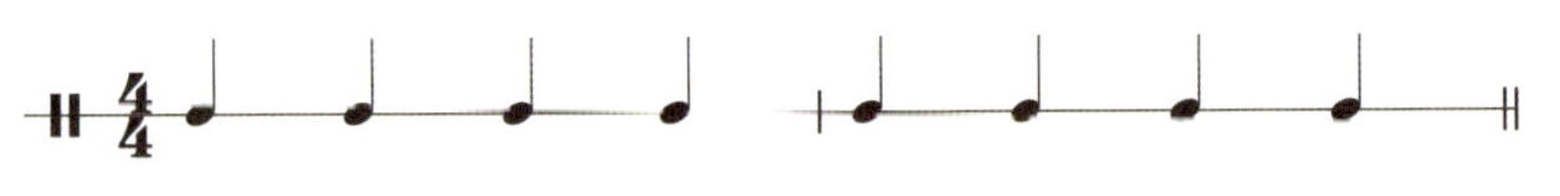

악보 79

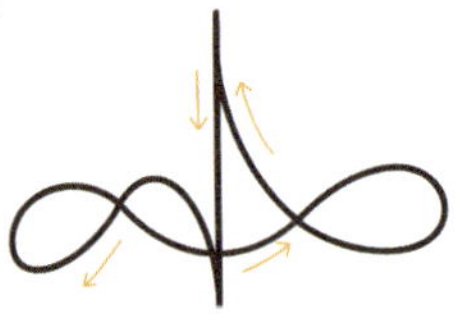

그림 172

- 3/4

3/4는 4분의 3박으로 읽습니다. 한 마디 안에 4분음표가 3개 있는 것을 뜻하고, 4분음표 1개를 1박으로 봅니다. 박자풍은 강, 약, 약입니다. 이때 강약은 단순히 세기의 차이를 뜻하지 않습니다. 왈츠나 미뉴엣의 춤곡에서처럼 움직임을 유도하거나 흐름의 연속성을 위한 것으로 해석합니다.

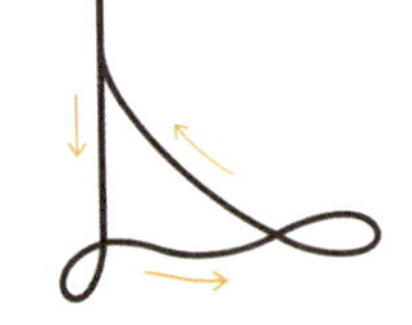

악보 80

그림 173

- 2/4

2/4는 4분의 2박으로 읽습니다. 한 마디 안에 4분음표가 2개 있는 것을 뜻하고, 4분음표 1개를 1박으로 봅니다. 박자풍은 강, 약입니다. 이와 비슷한 2/2는 2분의 2박으로 읽습니다. 한 마디 안에 2분음표가 2개 있는 것을 뜻하고, 이때는 2분음표 1개를 1박으로 봅니다. 2/2의 박자풍과 지휘표는 2/4와 동일합니다.

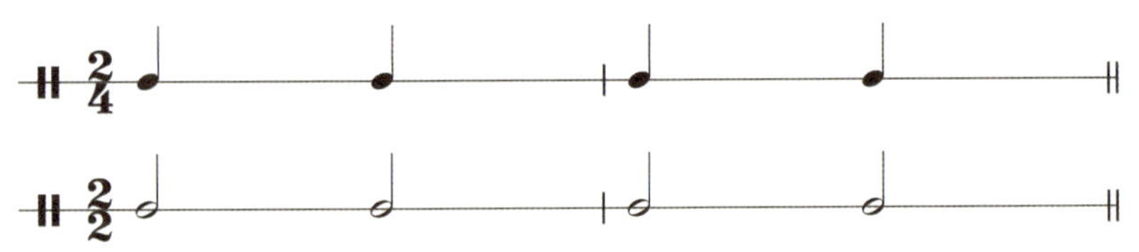

악보 81, 82

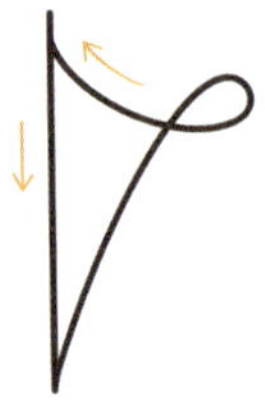

그림 174

- 6/8

6/8는 8분의 6박으로 읽습니다. 한 마디 안에 8분음표가 6개 있는 것을 뜻하고, 8분음표 1개를 1박으로 봅니다. 박자풍은 강, 약, 약, 중강, 약, 약입니다.

악보 83

그림 175

✹ 빠르기(Tempo)

빠르기는 곡의 진행 속도를 말합니다. <표1>은
모데라토(Moderato, 보통 빠르기)를 기준으로 빠름과 느림의
정도를 나타냅니다. 약간의 뉘앙스 차이로 빠르기의 정도를
해석할 수 있습니다.

Grave	매우 느리게, 장중하게, 엄숙하게
Lento	매우 느리게, 무겁게
Largo	매우 느리게, 폭넓게
Larghetto	Largo보다 조금 더 빠르게
Adagio	느리게, 차분하게, 침착하게
Adagietto	Adagio보다 조금 더 빠르게
Andante	느린 걸음걸이의 빠르기
Andantino	Andante보다 조금 더 빠르게
Moderato	보통 빠르기
Allegretto	조금 빠르게
Allegro	빠르게, 유쾌하게, 쾌활하게
Vivace	매우 빠르게, 생기있게, 부산스럽게
Vivaccissimo	Vivace보다 조금 더 빠르게
Presto	매우 빠르게, 급하게, 신속하게
Prestissimo	Presto보다 조금 더 빠르게

원래 빠르기란 곡의 분위기나 표정을 뜻하는 것이었습니다.
어떠한 분위기나 표정을 드러내려면 자연스럽게 그에 어울리는
빠르기를 실행하기 마련이기 때문입니다.
<표 2>는 단독으로 사용하거나 <표 1>에 덧붙여 곡의 분위기나
표정을 부연 설명합니다.

Religioso	경건하게
Maestoso	장엄하게
Pastorale	전원풍으로
Tranquillo	조용하게, 차분하게
Comodo	편안하게, 평온하게
Elegante	우아하게, 기품있게
Grazioso	우아하게, 아름답게
Delicato	우아하게, 섬세하게
Leggiero	가볍게, 경쾌하게
Giocoso	즐겁게, 활발하게
Con brio	생기있게
Animato	활기차게
Scherzando	장난스럽게, 익살스럽게
Capriccioso	변덕스럽게, 환상적으로
Brillante	화려하게, 찬란하게
Cantabile	노래하듯이
Espressivo	표정을 풍부하게
Amabile	부드럽게, 상냥하게
Dolce	부드럽게, 달콤하게
Doloroso	애절하게, 비통하게
Agitato	동요되어, 흥분하여
Furioso	격분하여, 격렬하게
Risoluto	단호하게, 결연하게

빠르기는 악보의 첫머리에 표기되어 전반적인 곡의 진행 속도를 결정하지만, <표3>과 같이 곡을 전개하는 과정에서 부분적으로 삽입되기도 합니다.

표 3

rall. (rallentando)	점점 느리게
rit. (ritardando)	점점 느리게
riten. (ritenuto)	갑자기 느리게
meno mosso	지금보다 덜 빠르게
piu mosso	지금보다 더 빠르게
accel. (accelerando)	점점 빠르게
a tempo	원래 빠르기로
tempo I or primo	처음 빠르기로
ad lip. (ad libitum)	연주자 임의대로
(fermata)	음표나 쉼표의 길이를 2~3배로 늘려서

❋ 음의 높낮이(Note)

음의 높낮이는 작곡자의 심상을 나타내는 톤이나 현상에 동화된 눈높이, 시선으로 이해합니다. 예컨대 음이 낮아지면 분위기가 차분해지고 내면의 깊이로 파고드는 느낌을 줍니다. 또는 물체가 가라앉거나 떨어지는 현상을 떠올릴 수 있습니다. 색상으로 치면 다소 어두운 계열이라 할 수 있습니다. 반대로 음이 높아지면 색상이 밝아지고 분위기가 고조됩니다. 또는 물체가 떠오르거나 날아가는 현상을 떠올릴 수 있습니다.

이처럼 음역대의 폭이 넓어지면 다채로운 음색으로 풍부한 주제를 표현할 수 있지만, 앞서 연주한 3곡과 같이 비교적 음역대가 좁고 단조로운 곡에서는 너무 심각하게 혹은 지나친 감정선을 잡고 연주하지 않도록 합니다. 이러한 측면에서 입문 단계는 주법의 자세와 동작에 중점을 두어 기초를 다지기에 적절한 시간이라고 할 수 있습니다.

❋ 리듬(Rhythm)

리듬은 여러 음표와 쉼표의 진행을 통해 음에서 음으로의 흐름을 이끄는 힘을 갖습니다. 그 힘은 곡의 분위기에 따라 가볍고 무거우며, 또한 어떠한 심상이나 현상을 표현함에 따라 때론 부드럽고, 때론 날카로우며, 거칠고 강렬하기까지 합니다. 오케스트라를 이끄는 지휘자의 몸짓에서 볼 수 있고 느껴지는 것처럼 말입니다. 따라서 리듬을 실행하는 데 있어 기교적인 문제로만 간주하지 않습니다. 악보에 충실함으로써 우리가 보고 듣고 느끼는 그대로 마주하는 현상의 세계와 내면의 감정들을 풍부하게 표현할 때 오히려 쉽게 구사할 수 있는 것으로 이해합니다. 아울러 반복되는 일상의 굴레에서 자신의 무뎌진 감각을 깨우는 작업이야말로 취미 생활의 즐거움이자 목적이 아닐까 합니다.

<표4>와 같이 리듬은 4분음표, 한 박자를 기준으로 V로 표시합니다. 알파벳 V를 쓸 때처럼 왼쪽으로 내려 그어 반 박자, 오른쪽으로 올려 그어 반 박자를 나타냅니다. 손뼉을 칠 때는 손바닥을 마주칠 때 반 박자, 손바닥을 뗄 때 반 박자를 나타냅니다. 입으로 소리 낼 때는 반 박자씩 따-안으로 읽고, 계이름으로는 <악보 84>와 같이 쏘-올, 레-에, 라-아, 미-이로 읽습니다. 리듬을 이해함으로써 곡의 분위기와 주제에 따라 다양한 문체와 목소리로 표현할 수 있을 것입니다.

<표5>와 같이 음표에 붙은 점은 음표 길이의 반을 뜻합니다. 점4분음표의 점은 ♪, 8분음표(반 박자)이고, 점2분음표의 점은 ♩, 4분음표(한 박자)입니다. 또한, 4분음표를 기준으로 짧은 길이의 음표로는 ♪, 8분음표와 ♬, 16분음표가 있습니다. <표6>과 같이 8분음표 2개나 16분음표 4개 또는 붓점 리듬인 ♪., 점8분음표와 ♬, 16분음표의 묶음은 4분음표, 한 박자 값을 나타냅니다.

표 7

	음표	쉼표
4분 음표와 쉼표	♩	𝄽
점4분 음표와 쉼표	♩.	𝄽.
2분 음표와 쉼표	𝅗𝅥	▬
점2분 음표와 쉼표	𝅗𝅥.	▬.
온 음표와 쉼표	o	▬
8분 음표와 쉼표	♪	𝄾
16분 음표와 쉼표	♬	𝄿

✹ 선율(Melody)

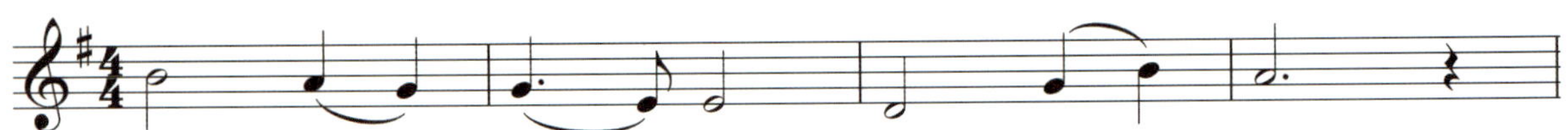

선율은 음의 높낮이와 리듬을 합한 것으로 곡의 주제와 상황을 전달합니다. 어릴 적 놀이책에 표시된 점과 점 사이를 잇다 보면 어느새 하나의 그림이 완성되었듯, 먼저 각 음표를 점으로 인식해 곡의 그림을 완성해 봅니다. 그런 다음 두 음 사이의 연결된 흐름을 따라 음표의 길이를 V로 표시하면서 계이름으로 불러봅니다. 마치 자신의 노래를 지휘하듯 다이내믹한 양상을 그리며, 셈여림을 나타내기에 이릅니다. 이로써 셈여림은 곡의 주제와 상황에 적절한 소리의 표현이라 할 수 있습니다.

✹ 셈여림(Dynamics)

ppp	(pianississimo)	매우 매우 여리게	표8
pp	(pianissimo)	매우 여리게	
p	(piano)	여리게	
mp	(mezzo piano)	조금 여리게	
mf	(mezzo forte)	조금 세게	
f	(forte)	세게	
ff	(fortissimo)	매우 세게	
fff	(fortississimo)	매우 매우 세게	
cresc.	(crescendo)	점점 크게	
dim.	(diminuendo)	점점 작게	
>	(accent)	강조하여	
sf	(sforzando)	특히 세게	
sfp	(sforzando piano)	특히 세게 곧 여리게	
sub. f	(subito forte)	갑자기 세게	
sub. p	(subito piano)	갑자기 여리게	

셈여림은 곡의 다양한 주제와 상황을 해석함에 따라 <표8>과 같이 표현력의 범위가 세밀해집니다. 악보는 누구에게나 똑같이 주어지지만, 셈여림은 스스로 발견하고 완성해 나가는 것이므로 항상 악기를 다루기 전 곡의 흐름을 충분히 살펴보도록 합니다. 무엇보다 셈여림에 대한 경험을 갖는 것이 중요합니다. 음악회에 직접 가서 보고 듣고 느껴봄으로써 셈여림에 대한 인식이 확연히 열리고, 이를 바탕으로 자신의 연주를 더욱 향상할 수 있습니다.

< 셈여림에 대한 현악기 주법의 해석 >

현악기 주법에서 셈여림은 줄의 떨림으로 해석할 수 있습니다. 예컨대 악보에 *f*가 표시되면 줄의 떨림을 크게, 세게, 강하게 일으키라는 뜻입니다. 반대로 *p*가 표시되면 줄의 떨림을 작게, 여리게, 약하게 일으킵니다. 단, 무조건 *p*일 때 활을 짧게 긋고, *f*일 때 활을 길게 긋는 식으로 이해하는 것은 곤란합니다. 가장 극명한 효과를 줄 수 있지만, 다양한 리듬의 구성을 고려할 때 기본적으로 활털의 대응 면적을 통한 마찰력의 크기로 이해합니다. 또한, *p*와 *f*를 아우르는 범위로 *cresc.*와 *dim.*를 들 수 있습니다. *cresc.*는 줄의 떨림을 점점 크게, 세게, 강하게 일으키고, *dim.*는 줄의 떨림을 점점 작게, 여리게, 약하게 일으키라는 뜻으로 어느 틈에서나 방향성의 개념으로 이해합니다.

줄의 떨림을 통해 리듬이 생성되고, 셈여림은 떨림의 강도를 조절하는 것이므로 셈여림에 대한 아이디어가 구체적일수록 리듬의 구성력이 충분해지며, 음악의 실존적인 순간을 경험할 수 있습니다. 다음 3가지 예를 통해 살펴보겠습니다.

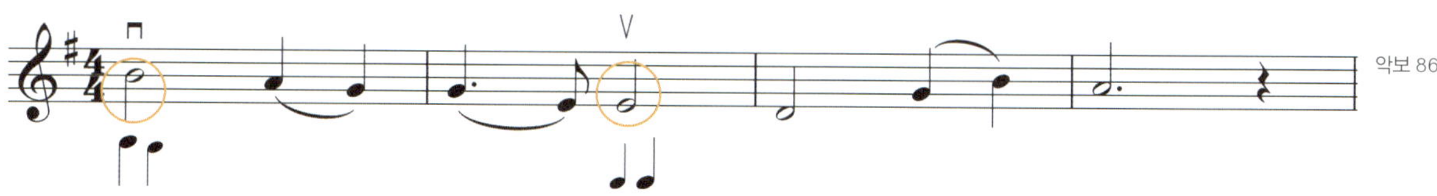

• 활 긋기의 방향에 따라

♩, 2분음표를 4분음표 2개로 쪼개봅니다. 2개의 음표는 똑같은 크기가 아니라 활 긋기의 방향에 따라 내림활에서는 음표의 크기가 점점 작아지고, 올림활에서는 음표의 크기가 점점 커집니다.

• 마침음을 실행할 때

♩., 점2분음표를 4분음표 3개로 쪼개봅니다. 3개의 음표는 곡의 흐름에 따라 점점 작아지며, 마침음으로써 그 크기를 쉼표와 연결 짓습니다.

• 음과 음 사이의 방향성에 따라

점4분음표는 8분음표, 점8분음표는 16분음표 단위로 쪼개봅니다. 점음표의 붓점 리듬은 모두 3:1의 비율을 갖습니다. 위와 같이 점음표의 붓점 리듬을 슬러로 연주할 때는 음이 상행하느냐 하행하느냐에 따라 3의 연주값을 점점 크게 또는 점점 작게 나타내줍니다. 그에 따라 1의 연주값은 가장 클 수도, 가장 작을 수도 있습니다. 즉, 음표의 길이가 같더라도 음가를 다르게 해석한다는 뜻입니다.
이처럼 음표 쪼개보기는 음표 안에 숨겨진 *cresc.*와 *dim.*를 발견하는 일입니다.
작은 물결이 모여 큰 물결을 이루듯, 하나의 음표로부터 선율의 흐름을 완성할 몫을 얻으면 비로소 소리의 형상을 구현하는 시간을 가질 수 있습니다.

연습 요령

무턱대고 악기를 쥐다 보면 연주에 서투른 것과 별개로 곡에 대해 경솔하고 무지한
태도를 취할 수 있습니다. 다음의 연습 요령에 따라 악보를 꼼꼼히 살펴 작곡자의
의도를 충분히 파악한 후, 이제까지 익힌 양팔의 주법을 통해 이 책에 수록된 곡들을
차례대로 익혀봅시다.

✳ 조성과 음계 찾기

먼저 조표와 마침음을 확인해 곡의 조성을 찾고, 음계를 나열해 피아노나 대체
악기를 통해 들어봅니다. 음계를 바탕으로 선율이 만들어지기 때문에 곡에 대한
인상을 얻을 수 있으며, 불러보기를 할 때 음을 잡기가 수월합니다.

✳ 불러보기

메트로놈을 통해 빠르기를 가늠한 후, 한 마디 분량의 준비박을 셉니다. 이어서
음과 음 사이의 연결된 흐름을 따라 음표의 길이를 V로 표시하면서 계이름으로
불러봅니다. 자신의 음성을 통해 곡의 클라이막스가 어디인지 쉽게 파악할 수
있습니다. 또한, 이를 거점으로 곡의 전개 과정을 살펴봅니다. 만약 계이름 읽기가
서툴다면 줄, 칸을 경계로 천천히 따져보고 익숙해질 때까지 반복해서 익힙니다.
계이름을 겨우 읽어내는 수준에서 발전하지 않으면 곡의 강약 흐름을 나타내기
어렵습니다.

악보 90, 91, 92

위와 같이 못갖춘마디로 시작하는 곡의 경우, 예컨대 <악보 90>과
<악보 91>에서는 두 박자를 준비박으로 세고, <악보 92>에서는 한 박자 반을
준비박으로 셉니다.

✳ 쉼표에 대한 해석

곡의 흐름 가운데 면밀히 살펴볼 것은 쉼표입니다. 막연히 비어 있는, 소리를 내지 않는 부분으로 여길 수 있지만 곡의 처음과 끝은 하나이며, 호흡의 흐름은 멈추지 않으므로 쉼표 또한 흐름의 한 조각으로 해석합니다. 예컨대, 박자풍을 기초로 진행하는 곡의 흐름에 따라 쉼표의 값에 셈여림을 부여하고 호흡을 통해 자신의 노래를 이어갑니다.

만약 쉼표에 대한 아이디어를 갖지 않으면 다시 말해, 쉼표의 자리에서 실제로 호흡하지 않으면 쉼표 뒤의 음표를 제대로 연주할 수 없습니다. 호흡이 연결되지 않기 때문에 스스로 자신의 연주가 못 미치게 느껴질 뿐만 아니라 연주의 흐름이 매끄럽지 않고 경박스러워집니다.

무엇을 담고 있는지 쉽게 보이지 않아 연주자로 하여금 해석하도록 붙들어 놓는 자리, 곧 해석된 조각의 완전한 결합을 통해 곡에 대한 깊은 이해와 더불어 스토리텔링 역량을 키울 수 있습니다. 같은 곡이라도 연주자마다 쉼표를 어떻게 느끼고 처리하는지에 따라 감상의 재미가 더해지는 이유입니다.

✳ 마킹 (Marking)

< 핑거링, Fingering >

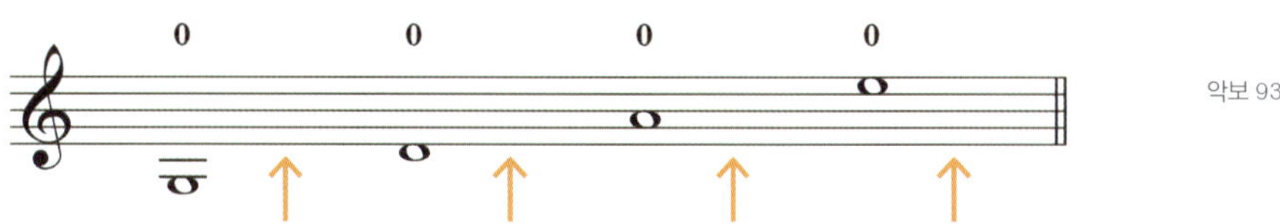

악보 93

먼저 4줄의 개방현을 기준으로 어느 줄에서 운지가 실행되는지 살펴봅니다. 이어서 계이름과 운지 번호, 운지의 진행 패턴을 파악해 필요에 따라 (in) G, D, A, E / 0, 1, 2, 3, 4 / 1-, 2-, 3-과 같이 표시합니다.

악보 94

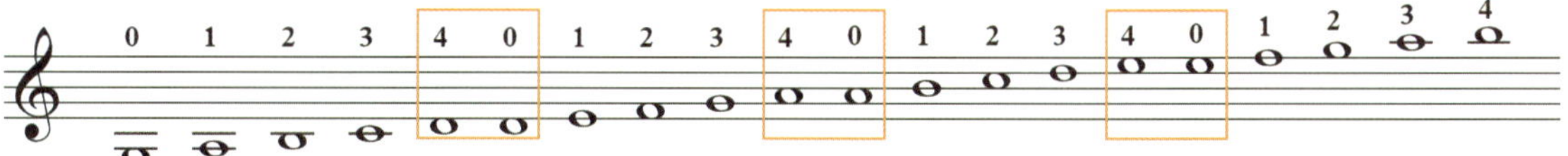

계이름이 같더라도 운지번호를 다르게 적용하는 경우가 있습니다. 위와 같이 솔줄의 4번과 레줄의 0번, 레줄의 4번과 라줄의 0번, 라줄의 4번과 미줄의 0번은 계이름은 같지만 음색이 다릅니다. 따라서 연주자는 음색을 유지할지 변화시킬지, 그리고 운지의 편의성을 고려해 0번 또는 4번을 선택합니다. 아래 <악보 95>의 예를 통해 살펴보겠습니다.

악보 95

1마디에서는 계이름 '라'를 4번으로 실행해 같은 줄로의 진행을 통해 음색을 유지한 경우입니다. 3마디에서는 계이름 '라'를 0번으로 실행해 다른 줄로의 진행을 통해 음색을 변화시킨 경우입니다. 두 경우 모두 운지를 실행하는 데 무리가 없습니다.

먼저 첫 음의 활 긋기 방향을 적습니다. 참고로 이 책의 모든 곡에는 첫 음의 활 긋기 방향이 표시되어 있지만, 원칙적인 기준을 말하자면 아래 <악보 96>과 같이 강박인 첫 박에서는 내림활을 사용해 ⊓로 표시하고, <악보 97>과 같이 못갖춘마디의 약박에서는 올림활을 사용해 V로 표시합니다.

악보 96 , 97

첫 음의 활 긋기 방향이 정해지면, 활을 쥐지 않은 빈 활의 자세를 취해 앞서 수행한 불러보기를 바탕으로 활 긋기를 시연합니다. 패턴을 파악하고 이내 울림의 모앙을 인식해 그에 따른 활의 길이와 속도를 가늠해 봅니다. 이때 자연스럽게 수행되는 것이 셈여림의 표기입니다. 작곡자의 표기 외에 자신의 노래를 반영한다는 의지를 담아 곡의 흐름에 표정을 지어 넣듯 셈여림을 표시합니다. 줄이 바뀌는 부분에서는 각도와 대응 지점의 변화에 따른 동작을 의식화하고, 더불어 활 긋기의 진행 경로를 파악합니다. 참고로 필요에 따라 활 긋기의 방향을 추가로 표시할 수 있습니다.

✳ 파트 연습의 중요성

앞서 언급한 대로 활 긋기는 운지한 음을 소리내기 때문에 운지가 분명하지 않으면 소리가 지저분해지고 곡의 흐름이 끊겨져 제대로 표현력을 발휘할 수 없습니다. 항상 왼손의 운지 연습이 선행되어야 하는 이유이며, 덧붙여 알아둘 것은 활 긋기는 상당히 다변적인 성격을 지닌다는 점입니다.

예컨대 매일의 컨디션에 따라 조금씩 다른 실행력을 가질 수 있으며, 어떠한 공간이냐에 따라 소리의 울림이 다르게 발생해 즉흥적으로 반응하는 오차의 범위가 생길 수 있습니다. 아울러 세월의 흐름에 따른 해석의 여지를 두어 연주합니다. 이에 비하면 왼손의 운지는 고정적인 편이므로 먼저 왼손의 운지를 연습한 후 활 긋기에 집중하는 것이 더욱 효율적이라고 볼 수 있습니다. 또한, 입문 단계에서 파트 연습을 거치지 않고 양팔 연주에 능숙하기가 쉽지 않습니다. 능숙하게 연주한다는 것은 곡의 흐름에 부합하는 수준을 말하는데, 양팔의 주법을 동시에 발전시키기란 매우 어려우며 그 이유는 양팔의 주법 체계가 다르기 때문입니다. 즉, 각각의 실행 순서에 온전히 따를 수 없으므로 자세가 무너지고, 그로 인해 곡의 흐름에 대응하지 못한 채 부자연스러운 동작의 문제점을 해결하느라 시간을 허비하게 됩니다.

☀ 왼손의 운지

<음계 연습>

운지 연습의 첫 번째 단계는 곡의 조성에 따라 4줄의 음계를 짚어보는 것입니다.
반음과 온음 관계를 살펴 음계의 위치를 파악한 후 그에 알맞은 손가락 모양을 취해
네 손가락의 패턴을 익힙니다.

<선율, 멜로디 연습>

음계 연습을 마치면 네 손가락의 패턴을 바탕으로 첫 음을 운지합니다. 이어서
한 마디 분량의 준비박을 세고 박자가 빨라지거나 느려지지 않도록 입으로
부르는 시점이 아니라, 멜로디가 귀에 들리는 시점에 맞춰 운지를 실행합니다.
자신이 안정적으로 실행할 수 있는 빠르기에서 시작하는 것이 중요하며, 항상
다음 손가락을 미리 준비해야 합니다. 특히 줄이 바뀌는 부분에서는 하나의 연결
동작으로 완성될 때까지 충분히 반복해서 연습합니다.
기술적으로 민감하지 않고서야 세밀한 표현력을 구사할 수 없습니다. 4개의 줄과
네 손가락을 사용하는 데 있어 접점의 기울기와 회전운동을 바탕으로 손가락 간의
강도 차를 적용해 리드미컬한 움직임을 느껴봅니다.

☀ 개방현으로 활 긋기

활 긋기의 방향과 패턴을 파악함에 따라 첫 음을 기준으로 활 긋기의 시작
위치를 확인한 후 운지가 실행되는 줄, 활의 빠르기, 곡의 분위기와 셈여림을
고려해 예컨대, 4줄의 NSP를 기준으로 원하는 톤을 찾아 소리를 맛보는
테이스팅(Tasting)의 과정을 수행해 개방현으로 활 긋기를 합니다.
개방현 연습은 왼손의 운지를 배제함으로써 활 긋기에 집중해 자신의 동작을
관찰할 수 있을 뿐만 아니라, 울림의 모양을 보다 선명하게 들을 수 있고 그려낼 수
있습니다. 또한, 줄이 바뀌는 부분에서 4줄의 음색 차를 뚜렷하게 나타내는 과정을
통해 드라마틱한 연주를 기대할 수 있습니다. 정교할 필요는 없습니다. 마치 색을
입히기 전 밑그림을 그리는 스케치 단계로 여기도록 합니다.

☀ 활긋기의 여러 기법

입문 단계에서 기본적으로 익혀야 할 활 긋기 기법에는 데타셰, 레가토, 테누토,
스타카토, 악센트가 있습니다.
먼저 모든 활 긋기 연습의 시작인 데타셰(Détaché)는 '분리한다'의 뜻으로, 음을
하나씩 분명하게 소리 냅니다. 이를 위해 내림활과 올림활을 번갈아 사용해 각 활을
실행합니다.
레가토(Legato)는 '부드럽게 이어서'라는 뜻입니다. 음과 음 사이가 끊어지지
않도록 부드럽게 연결해 소리 냅니다. 각 활의 실행도 가능하지만, 대개
슬러(Slur)를 사용해 기법의 효과를 나타냅니다.
◗, 테누토(Tenuto)의 뜻은 '지속하다' 입니다. 음표에 붙여진 기호에서 알 수
있듯이 음표의 길이만큼 충분히 소리 내는데, 현악기 주법의 특성상 활털을 줄에 좀
더 밀착시켜 음을 지속시키는 효과를 냅니다.

♪, 스타카토(Staccato)는 '음을 끊어서 연주하라'는 뜻입니다. 예컨대 1박자의 경우 반 박자는 음을 소리 내고, 나머지 반 박자는 음을 소리 내지 않습니다. 이를 현악기 연주에서는 반 박자 동안 줄의 떨림을 일으키고, 나머지 반 박자 동안은 줄의 떨림을 멈추는 방식으로 해석합니다.

스타카토는 다른 기법들과 마찬가지로 4줄의 텐션 범위를 고려한 상태에서 실행할 수 있습니다. 다시 말해, 알맞은 대응 지점과 대응 면적, 대응값을 적용할 때 줄의 떨림을 일으키거나 멈출 수 있단 뜻입니다. 또한, 다양한 악상의 범위를 고려해 무조건 힘 있게 끊지 않아야 합니다. 예컨대 악상의 흐름이 f이면 활털의 대응 면적을 넓혀 줄의 떨림을 강하게 일으켰다가 멈추고, 반대로 p일 때는 활털의 대응 면적을 줄여 줄의 떨림을 약하게 일으켰다가 멈춥니다.

♪, 악센트(Accent)는 '음을 강조하라'는 뜻입니다. 순간적으로 줄에 압력을 가한 뒤 활의 속도를 빠르게 냅니다. 마찬가지로 4줄의 텐션과 다양한 악상의 범위를 고려해 실행합니다.

쉽게 말해 이러한 기법의 차이는 제스처의 차이로 이해할 수 있습니다. 레가토는 데타셰에 비해 동작이 부드럽고, 테누토와 스타카토는 비교적 절도 있으며, 악센트는 날렵한 움직임을 나타냅니다. 개방현 연습 단계에서 활 긋기 동작과 진행 경로에 익숙해지면 각 기법에 따른 제스처를 더해 연습해 봅니다.

❋ 양팔 주법의 실행

첫 음을 운지한 후, 한 마디 분량의 준비박에 맞춰 내림활을 기준으로 들이마셨다가 내쉬는 호흡에 활을 올려놓고 이어서 들이마시는 호흡에 활을 그어 운지한 음을 소리 냅니다.

호흡은 음(音), 소리의 원천이자 율동 그 자체입니다. 그러므로 우리는 악기를 연주할 때 언제나 호흡을 통해 충분히 노래하는 시간을 가져야 합니다. 호흡을 통해 주법을 실행한다는 것은 악기가 가진 울림의 특성을 온전히 발휘해 음악이 선사하는 울림의 향연에 동참하는 것이며, 나아가 호흡의 흐름이 어우러진 연주는 연주자 자신의 고유한 개성을 드러냄으로써 음악 이상의 깊은 감동을 줍니다.

이처럼 호흡의 기능을 충분히 발휘하려면 움직임의 가동 범위를 제한하지 않아야 합니다. 가동 범위를 제한하면 호흡이 통제되고, 곧 소리에 드러나기 때문입니다. 예컨대, 밑반활을 그을 때 어깨관절의 회전운동을 제대로 실행하지 않으면 호흡이 부족해지고 그로 인해 충분한 울림이 나지 않습니다. 항상 자신의 동작을 관찰하는 것이 중요하며, 가장 자연스럽게 호흡하는 방법은 음에서 음으로의 방향성을 갖는 것입니다. 이때 울림음인 모음을 의식하면 도움이 됩니다. 줄이 바뀌는 부분에서는 잠시 멈추어 주법 간의 타이밍을 맞추어 봅니다.

✳ 회복 속도

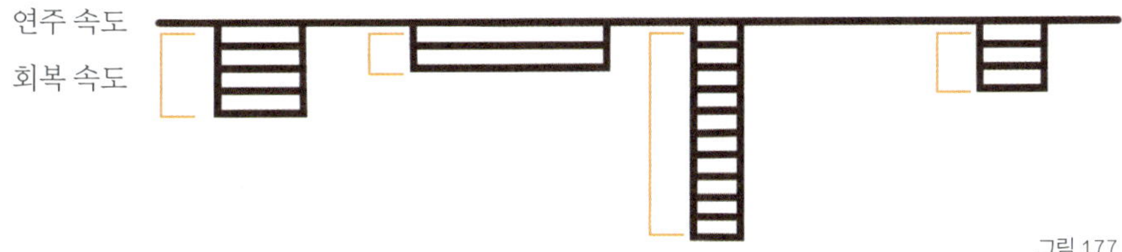

양팔의 합을 통해 박자를 일정하게 유지할 수 있으면 점차 빠르기를 발전시켜
연주 속도로 나아갑니다. 이때 활 긋기 패턴의 비율은 유지하되, 범위를 축소해
실행합니다. 또한, 표기된 빠르기에서 크게 벗어나지 않되 각자의 감흥을
불러일으키는 미묘한 정도 차가 있으니 자신만의 연주 속도를 찾아보도록 합니다.
만약 빠르기를 발전시키는 과정에서 흐름이 매끄럽지 않다면 <그림 177>과 같이
회복 속도를 마련해 메트로놈을 통해 단계적으로 연습합니다.

✳ 듣는 마음

흔히 악기를 연주하면서 억지스러운 느낌이 드는 이유는 박자를 세는 데 치중해
소리를 붙잡으려 하기 때문입니다. 박자는 흐름을 유지하는 장치일 뿐이며, 소리는
담배 연기처럼 나타났다 사라지는 것이지 우리의 관념대로 붙잡을 수 있는 것이
아닙니다. 따라서 공기 중에 퍼진 울림의 잔향까지를 음표의 길이로 인식하도록
합니다. 이때 자연스럽게 수행되는 것이 듣는 마음입니다.
자신만의 연주 속도를 찾고 그 흐름 속에서 울림의 잔향까지 들을 수 있다면
이보다 더 큰 즐거움과 자유함이 있을까요? 마찬가지로 인생에서도 늘 시간에
쫓겨 살아가지 않고, 자신의 길 위에서 삶이 주는 여운을 바라본다면 조금은 덜
조급해하고 실수를 면할지 모릅니다. 나아가 누군가의 울림에 온전히 귀 기울일
수 있다면, 때에 이르러 자신의 내면 안에서 간절히 울리는 무언가를 발견할 수
있을 것입니다. 어떠한 평가 기준이나 전공 이력과 상관없이 개인의 연주력이
발휘되고 인정되는 시점이라고 생각합니다. 덧붙여 주법의 개념을 명확히 이해하는
것이야말로 효율적인 연습의 시작이며, 4줄의 텐션을 맥락으로 곡의 흐름을
다뤄보는 것 또한 효과적인 방법 중 하나입니다.

레퍼토리 완성

Stage 1

Stage 1에서는 곡의 분위기가 차분하고 느린 빠르기의 성가와 민요를 담았습니다.
대개 호흡을 가다듬을 수 있도록 온활 범위로 폭넓게 연주하는데, 이 책에 예시한 대로 4/4박에서는 2박씩,
3/4박에서는 2박-1박 또는 1박-2박, 6/8박에서는 3박씩 나누어 연주합니다.

내 주를 가까이(Nearer My God to Thee) / 로웰 메이슨(Lowell Mason)
아리랑(Arirang) / 경기 민요
고요한 밤 거룩한 밤(Silent Night Holy Night) / 프란츠 그루버(Franz Gruber)

비브라토

Stage 2 & Stage 3

Stage 2 & Stage 3에서는 바이올린 연주의 대표적인 곡들을 담았습니다.
활 긋기의 기본패턴 4가지를 바탕으로 스타카토, 꾸밈음, 셋잇단 음표, 타이와 슬러 스타카토,
싱코페이션, 악센트, 쉬프팅을 익혀봅니다.

사장조 미뉴엣(Minuet in G Major BWV Anh. 114) / 요한 세바스찬 바흐(Johann Sebastian Bach)
사장조 미뉴엣(Minuet in G Major BWV Anh. 116) / 요한 세바스찬 바흐(Johann Sebastian Bach)
사냥꾼의 합창(Hunter's Chorus) / 칼 마리아 폰 베버(Carl Maria von Weber)

사장조 미뉴엣(Minuet in G Major) / 루드비히 판 베토벤(Ludwig van Beethoven)
마장조 미뉴엣(Minuet from String Quintet in E Major) / 루이지 보케리니(Luigi Boccherini)

쉬프팅

유모레스크(Humoresque) / 안토닌 드보르작(Antonin Dvorak)

Nearer My God to Thee

내 주를 가까이

로웰 메이슨(Lowell Mason)

악보 98

✳ 4마디에서 5마디로 넘어갈 때 활 긋기의 방향이 ⊓ , ⊓ 으로
진행됩니다. 먼저 4마디에서 내림활을 그은 후 활을 줄에서 떼어 시계
반대 방향으로 원을 그리듯이 돌리고 이어서 5마디의 내림활을
긋습니다.

Arirang

아리랑

✳ 이제까지 울림의 모양을 하나의 *cresc.* 나 *dim.* 으로 다루어 보았다면,
이 곡에서는 3마디와 11마디의 4음 슬러와 같이 음이 상행하고
하행함에 따라 한 활에서 울림의 모양을 *cresc.-dim.* 으로 나타냅니다.

Silent Night Holy Night

고요한 밤 거룩한 밤

프란츠 그루버(Franz Gruber)

✳ 3, 4, 5, 7, 9마디에서 테누토를 실행할 때는 울림의 모양을 따라
활의 길이와 속도를 조절하는 동시에 활털을 줄에 좀 더 밀착시켜
연주합니다.

Stage 1의 3곡과 비슷한 온활 패턴의 곡으로는 『스즈키』 2권에 수록된 '개선의
합창'과 '왈츠'가 있습니다. 또한, 영화 음악으로는 '문 리버', '시네마 천국', '인생의
회전목마' OST가 있으며, 온활의 빠르기가 좀 더 다양하고 호흡이 긴 곡으로는
슈만의 '트로이메라이', 바흐의 'G선상의 아리아'를 들 수 있습니다.

비브라토

비브라토(Vibrato)는 관절의 운동을 통해 운지한 음을 떨리게 하는 주법으로,
활 긋기의 울림에 합해 음향적으로 더욱 풍부한 소리를 만들어내는 기법입니다.
울림의 모양을 어떻게 나타낼지에 대한 아이디어를 바탕으로 활 긋기를 통해 그
울림을 경험한 단계에서 실행할 수 있는 주제로써, 즉 활 긋기의 울림은 비브라토의
원형, 모델이라고 할 수 있습니다. 그러므로 비브라토를 화려한 기교로만 단정하지
않고, 활 긋기의 모든 악상에 따르는 사항으로 해석해야 합니다.

✳ 비브라토의 실행 방법

입문 단계에서는 누구나 비브라토의 실행이 어렵게 느껴지고 상당히 높은 수준으로
여겨집니다. 물론 활 긋기의 다양한 울림에 적용하기 위해서는 많은 연습과
훈련이 필요하지만, 이 책에서 안내하는 방법으로 이해하면 아주 단순한 동작으로
경험하고 동시에 쉽게 익힐 수 있을 것입니다.

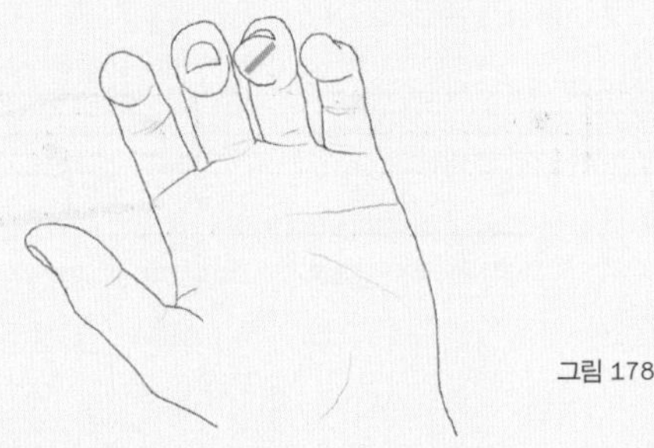

그림 178

예컨대, 라줄에서 계이름 '레'의 위치를 3번 손가락으로 짚었다 떼어봅니다. 위
<그림 178>과 같이 줄의 흔적을 확인할 수 있을 것입니다. 비브라토는 운지를
기초로 실행되므로, 즉 손끝에 새겨진 줄의 흔적을 비브라토의 실행 궤도로 보는
것입니다. 구체적인 실행 방법은 다음과 같습니다.

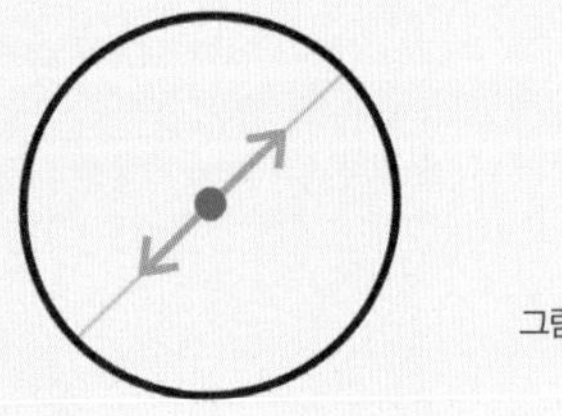

그림 179

먼저 궤도의 가운데 지점을 운지한 상태로 봅니다. 이를 중심으로 관절이 풀어지는
방향으로 한 번, 다시 구부러지는 방향으로 한 번, 양방향으로 손끝을 굴려 마치
비브라토의 실행 궤도를 밟는다는 생각으로 무게중심을 이동시켜 움직여봅니다.
무조건 마디를 폈다 구부리는 식으로 애를 쓰는 것이 아니라, 비브라토의 실행
궤도를 밟음으로써 관절의 운동이 저절로 일어나도록 합니다.
엄지손가락의 위치는 바뀌지 않되, 고정된 자세를 취하지 않습니다. 해석된
운지번호에 따라 알맞은 대응값을 취하며 자연스럽게 악기의 목을 문지르듯
합니다.

궤도의 길이를 짧게 밟을수록 비브라토의 폭이 좁아지고, 궤도의 길이를 길게
밟을수록 비브라토의 폭이 넓어집니다. 예컨대, 비브라토의 폭을 좁게 실행하는
경우는 *cresc.*의 시작 부분 또는 *dim.* 끝부분입니다. 반대로 비브라토의 폭을 넓게
실행하는 경우는 *cresc.*의 끝부분 또는 *dim.*의 시작 부분입니다.
처음에는 궤도의 길이 자체를 고루 느껴보면서 마치 현악기 연주자로서 손끝에
주어진 감각의 지평을 넓힌다는 생각으로 비브라토의 폭을 자유롭게 경험해 보는
것이 중요합니다. 그런 다음 활 긋기의 다양한 울림에 대비해 비브라토의 폭을
조절하는 연습을 합니다. 자율적인 경험을 통한 인식 체계와 더불어 그에 따른 훈련
과정을 갖출 때 비로소 주법에 대한 이해와 실기가 가능해질 것이기 때문입니다.

<연습하기>

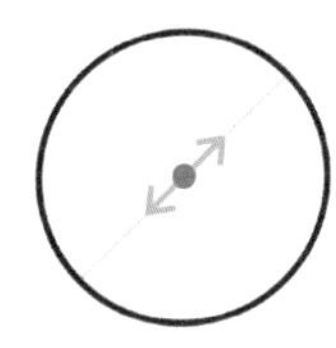
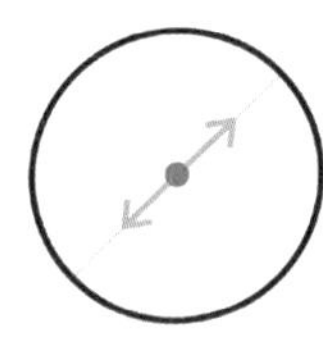
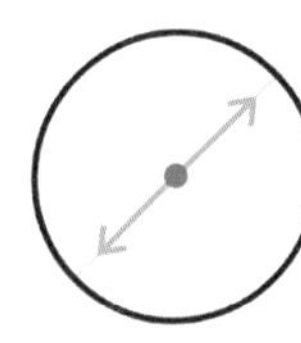
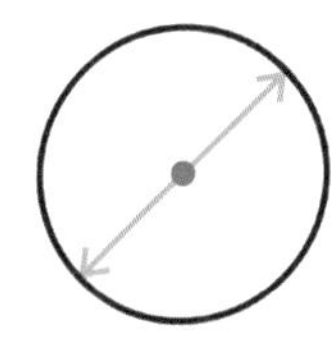

궤도 1　　　　궤도 2　　　　궤도 3　　　　궤도 4

위와 같이 궤도의 길이를 4개의 범위로 나눈 후, 라줄에서 3번 손가락으로 손끝을
의식하며 점점 길어졌다가 다시 점점 짧아지는 범위(ex. 1-2-3-4, 4-3-2-1)로
천천히 실행해 봅니다. 반대로 점점 짧아졌다가 다시 점점 길어지는 범위(ex. 4-3-
2-1, 1-2-3-4)로도 연습합니다.
라줄에서 동작을 익히면 각도를 달리해 나머지 줄에서도 연습합니다. 4줄에서 3번
손가락의 비브라토를 마치면 나머지 손가락도 같은 방식으로 연습합니다.
참고로 비브라토 훈련의 중점은 관절의 운동에 있지만, 비브라토의 실행 여부를
결정짓는 중요한 요인은 왼팔의 기본자세에 있으니 항상 이전 단계의 과정을 잘
수행했는지 확인합니다.

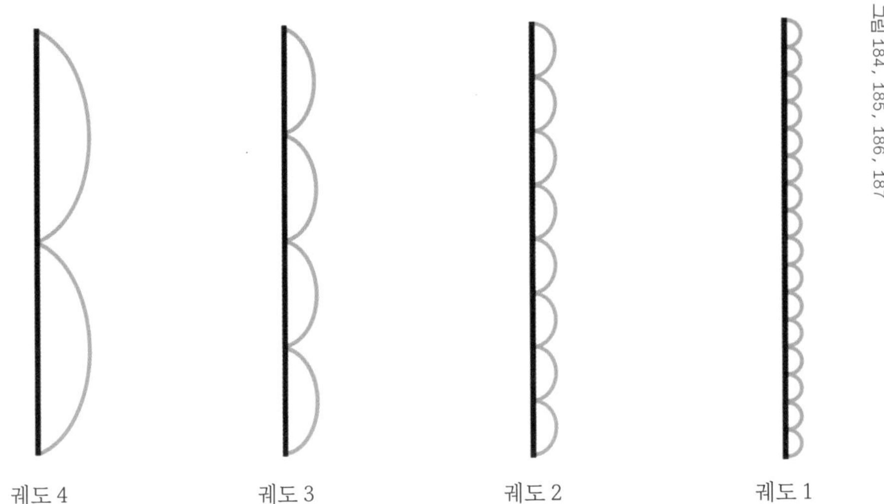

두 번째 연습은 4개의 범위에 대해 활 긋기와 함께 실행합니다. 먼저 활의 전체
범위를 2개로 분할해 궤도 4를 내림활에서 2번, 올림활에서 2번 실행합니다.
2분할이 익혀지면 4개로 분할해 궤도 3을 내림활에서 4번, 올림활에서 4번
실행합니다. 4분할이 익혀지면 8개로 분할해 궤도 2를 내림활에서 8번, 올림활에서
8번 실행합니다. 8분할이 익혀지면 16개로 분할해 궤도 1을 내림활에서 16번,
올림활에서 16번 실행합니다.

✹ 울림의 모양 인식과 모방

비브라토의 폭을 조절하는 데 익숙해지면 위와 같이 앞서 연주한 곡을 토대로 활
긋기와 함께 실행합니다. 음표의 길이가 긴 마침음으로 시작하는 것이 좋습니다.
울림의 모양을 파악하면 이를 모방하는 방법은 간단합니다. 울림의 첫머리에
대응하는 범위만큼 궤도의 길이를 밟아 관절의 풀어짐을 허용하고 이내 울림의
모양을 따라 비브라토의 폭을 조절합니다. 단, 비브라토는 활 긋기의 소리 자체에
반응하지 않습니다. 짓눌리거나 획 날리는 소리와 같이 줄의 떨림이 인정되지 않는,
즉 울림이 비어 있는 소리에는 비브라토가 따라야 할 조건이 없기 때문입니다. 다시
말해, 울림에 대한 어떠한 표상 없이는 비브라토가 존재할 수 없단 뜻입니다.

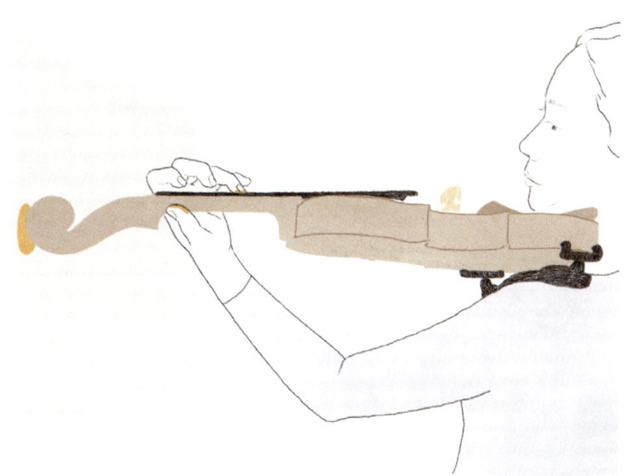

만약 비브라토가 제대로 실행되지 않는다면 이는 아이디어 측면에서 활 긋기의
울림을 충분히 모방하지 못했거나, 근육의 경직된 상태로 인해 관절의 운동에
제약을 받았기 때문입니다.

울림에 상응하는 기능적 상태는 유연함입니다. 이를 위해 널리 알려진 방법으로
<그림 188>과 같이 악기의 머리를 벽에 고정한 상태에서 연습할 수 있는데,
이 책에서는 한 가지 요령을 덧붙입니다. 예컨대, 비브라토를 실행하는 손가락과
엄지손가락의 대응값을 동일하게 취한 상태에서 두 손가락의 접점에만 의지한 채
왼팔 전체로의 유연함을 의식하며 관절의 운동을 실행합니다.

동작이 익숙해지면 활 긋기의 모든 울림에 합해 실행합니다. 연속되는 음의 진행에
대해서는 운지의 요령에 따라 접점의 기울기와 회전운동을 바탕으로 손가락
간의 강도 차를 적용해 실행합니다. 즉, 비브라토가 연결되려면 이미 운지의 실행
단계에서 연결되는 시스템이 갖추어져야 합니다.

Minuet in G Major BWV Ahn 114

미뉴엣

요한 세바스찬 바흐(Johann Sebastian Bach)

✳ 2마디와 23마디처럼 타이와 슬러로 연결된 스타카토는 활을 한 방향으로 긋되, 줄의
떨림을 일으켰다가 멈추고, 다시 줄의 떨림을 일으켰다가 멈추는 방식으로 실행합니다.

✳ 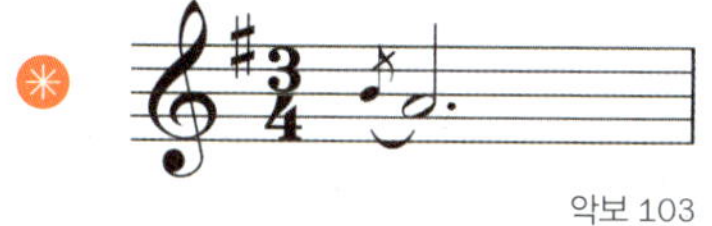

악보 103

꾸밈음(Ornament)은 하나의 음표에 덧붙인 작은 음표나 기호를 뜻합니다. 마치 크리스마스
트리를 장식할 때처럼 말입니다. 이 곡에서는 여러 가지 꾸밈음 중 짧은 앞꾸밈음이
사용되었습니다. 작은 음표에 빗금을 그어 표시하며, 손가락을 빠르게 짚고 떼어 소리를 짧게
내어 연주합니다.

✳ 8마디에서 9마디로 넘어갈 때 활 긋기의 방향이 쉼표 없이 ⊓, ⊓으로 진행됩니다. 이때는
첫 번째 내림활을 온활 범위로 그어 마지막 셋째 박의 울림이 나는 동안 재빨리 활을
줄에서 떼어 시계 반대 방향으로 원을 그리듯이 돌리고 이어서 두 번째 내림활을 긋습니다.

✳ :‖ , 도돌이표(Repeat Sign)는 반복해서 연주하라는 뜻입니다.

✳ 16마디에서 17마디로 넘어갈 때 접점의 기울기를 통해 4번 손가락을 미줄 위에 위치시킨 후,
지판의 굴곡진 면과 어울려 맞닿도록 줄을 짚어 계이름 '시'를 분명하고 깨끗한 음으로
소리 냅니다.

Minuet in G Major BWV Ahn. 116

미뉴엣

요한 세바스찬 바흐 (Johann Sebastian Bach)

* 1마디에서 2마디, 중간활에서 온활 범위의 패턴으로 이어지는 부분에서는 앞서 '환희의 송가' 곡에서 다룬 바와 같이 활 긋기에 대한 고민이 필요합니다. 1마디에서 음이 상행함에 따라 중간활의 범위 내에서 활을 점점 길게 그어주는데, 마지막 음에서 활 밑까지 그어 2마디의 첫 박을 온활 범위로 준비합니다. 이어서 3마디의 첫 음을 중간 지점 부근에서 시작하기 위해 2마디의 셋째 박을 활 밑까지 긋지 않습니다.
  참고로 연주 속도가 빨라짐에 따라 활 긋기 패턴의 비율은 유지하되, 범위를 축소해 실행합니다. 또한, 1마디와 같이 줄 바꿈이 잦은 부분에서 활 긋기를 실행할 때는 브릿지에 숨겨진 4줄 각도의 자를 떠올려 줄과의 안정된 밀착을 바탕으로 울림이 분명하고 깨끗한 소리를 내며, 동시에 다른 줄을 건드리지 않습니다.

셋잇단 음표란 하나의 음표를 3개의 작은 음표로 분할한 것입니다. 이 곡에서는 4분음표의 셋잇단 음표가 사용되었습니다. 4분음표를 2개로 분할해 8분음표 2개로 나누고 이를 따-따로 읽듯이, 4분음표의 셋잇단 음표는 한 박자 안에 따-따-따로 읽습니다.

* <악보 106>과 같이 임시표가 설정됨에 따라 네 손가락의 패턴이 변형되는 부분을 따로 떼어 익힙니다. 반음 관계이든 온음 관계이든 음과 음 사이의 거리, 즉 음정을 맞추는 데 있어 실제로는 손가락 간의 거리를 맞추는 데 있어 항상 손가락 모양을 이해하는 것이 우선입니다. 손가락 모양을 빠르게 결정하면 음정을 정확히 맞출 수 있을 뿐만 아니라 네 손가락의 패턴을 쉽게 파악해 효율적으로 연습할 수 있습니다.

* 만약 1마디와 같이 줄 바꿈이 잦은 부분에서 접점의 기울기를 실행하지 않는다면 다시 말해, 4줄에 대한 왼팔의 기본자세를 하나의 각도로만 취하면 운지를 제대로 실행하지 못할 뿐만 아니라, 이제까지 익힌 활 긋기의 주법이 작동하지 않습니다.
  활을 잡을 때도 마찬가지입니다. 활을 필요 이상으로 힘주어 잡으면 왼손의 두 접점으로 악기의 목을 꽉 쥐게 됩니다. 또, 왼팔의 팔꿈치가 몸통 바깥으로 빠지면 오른팔의 팔꿈치도 함께 벌어집니다. 즉, 우리 몸은 그것이 바르든, 그렇지 않든 항상 균형을 맞추려 한다는 것입니다.
  정리하자면 바이올린의 연주 자세가 좋고 근사해 보일 때는 악기에 대한 접근성의 이해를 바탕으로 경직됨이 없는 상태이며, 더불어 양팔의 주법을 올바르게 실행한 경우입니다.

Hunter's Chorus

사냥꾼의 합창

칼 마리아 본 베버(Carl Maria von Weber)

🟠 1마디의 내림활을 온활로 실행하기 위해 못갖춘마디의 올림활을 중간 지점 부근에서 시작합니다. 이어서 올림활에서 4음 슬러를 할 때 음이 상행함에 따라 활을 점점 길게 그어줍니다. 이때 활 긋기의 범위가 가장 짧은 부분에서 줄이 바뀌는데, 앞의 4분음표 내림활에서 활의 속도를 현저히 줄이고, 팔꿈치를 통해 각도를 올바르게 조절해야만 곡의 흐름을 살리면서 동시에 불필요한 소모를 방지할 수 있습니다.

🟠 8마디에서 내림활의 점4분음표를 온활로 긋지 않고, 중간활 범위에 머물게 합니다. 이어서 8분음표 올림활을 비슷한 길이로 그어줍니다. 이때 악상의 흐름이 *f*에서 *mf*로 바뀜에 따라 활대를 기울여 활털의 대응 면적을 조절해 줍니다.

🟠 12마디에서 활 긋기의 방향이 Ⅴ, Ⅴ으로 진행됩니다. 이때는 활을 줄에서 떼지 않고, 숨표가 포함된 타이로 인식해 한 활로 실행합니다. 먼저 울림의 모양을 파악해 활 긋기의 범위를 나누어준 후 호흡을 두 번 나누어 실행합니다.

🟠 20마디에서는 8마디와 같이 내림활의 점4분음표를 중간활 범위에 머물게 합니다. 이어서 올림활의 8분음표를 중간 지점 부근으로 맞추고, 동시에 악상의 흐름이 *mf*에서 *mp*로 바뀜에 따라 활대를 기울여 활털의 대응 면적을 조절해 줍니다. 이어서 21마디와 22마디에서는 중간활의 범위 내에서 활을 점점 길게 그어주는데, 이와 동시에 브릿지 쪽으로 줄을 올라타면 23마디의 첫 박을 중간활의 범위로 준비할 수 있고, *mf*의 악상에 알맞은 대응 지점과 대응 면적으로 준비할 수 있습니다. 곡의 제목에서 알 수 있듯이 상황의 긴박함을 느낄 수 있는 장면입니다.

🟠 ⌢, 페르마타 이전에는 항상 숨을 여유 있게 쉬어줍니다.

Minuet in G Major

사장조 미뉴엣

루드비히 판 베토벤(Ludwig van Beethoven)

✳ 이 곡에서는 임시표가 자주 등장해 손가락 모양을 바꾸는 일이 잦습니다. 운지 연습을
거의 외우다시피 마쳐야지만 활 긋기와 함께 원활한 연주를 할 수 있습니다.

✳ 앞서 울림의 모양을 하나의 *cresc.*나 *dim.* 또는 *cresc. -dim.*로 다루어 보았다면, 이
곡에서는 1마디와 같이 한 활에서 3개의 *dim.*를 실행합니다. 이때 3개의 *dim.*는 곡의
흐름에 따라 점점 작아집니다. 먼저 3개의 *dim.*에 대해 활 긋기의 범위를 나누어준 후 각
*dim.*의 범위 안에서 음표 쪼개보기를 통해 활의 길이와 속도를 가늠해 봅니다. 이로써
음가에 대한 해석 범위가 한층 더 넓어짐을 알 수 있습니다.

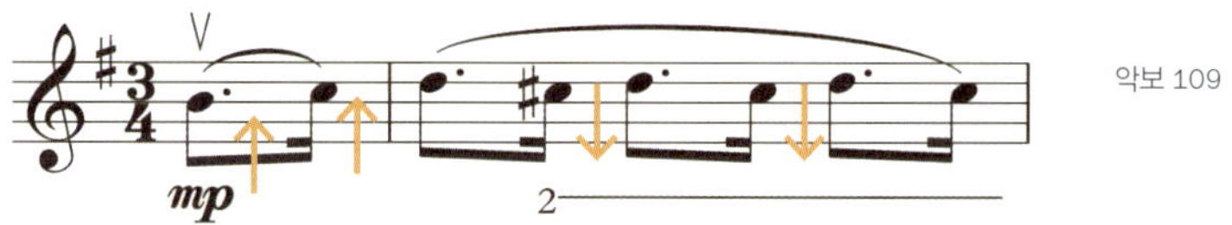

악보 109

기본적으로 울림의 모양을 구상하고 그에 따라 활 긋기의 범위를 나누어 실행하는
것만으로도 무난한 연주가 가능할 테지만, 여기에 줄타기를 더하면 활 긋기 자체가
여유로워지고 더욱 다이내믹한 연주를 즐길 수 있습니다. 예컨대, <악보 109>와 같이
못갖춘마디의 계이름 '시'와 '도'에서 브릿지 쪽으로 줄을 올라타면 곡의 분위기를 살려
1마디, 내림활의 첫 박을 살짝 무게감 있게 처리할 수 있습니다. 이어서 둘째와 셋째
박에서 지판 쪽으로 줄을 내려 타면 곡의 분위기를 가볍게 표현할 수 있습니다. 또한, 줄을
오르내리며 호흡에 실린 표정 연기와 제스처가 동반되어 스스로 연주자다운 면모를 느낄
수 있습니다.

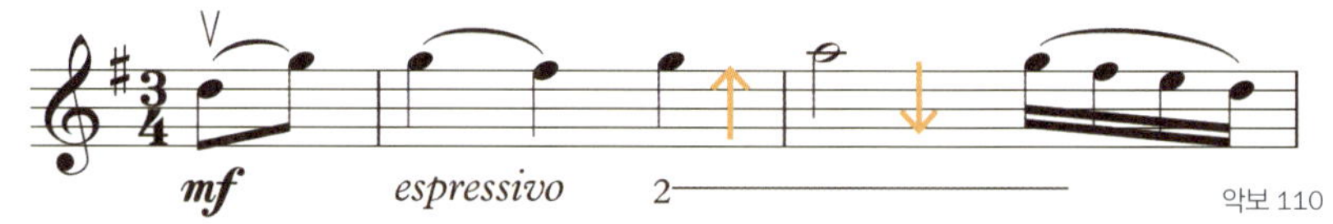

악보 110

같은 예로, <악보 110>과 같이 계이름 '솔'에서 브릿지 쪽으로 줄을 올라타면 계이름 '라'의
첫 박에서 고조되는 분위기를 살릴 수 있습니다. 이어서 둘째 박에서 줄을 내려 타 곡의
흐름을 자연스럽게 연결합니다.
이처럼 줄타기는 줄과 줄 사이를 경계로 실행할 뿐만 아니라 활의 빠르기와 셈여림, 곡의
분위기 변화에 따라 한 줄에서도 실행합니다. 또한, 줄타기를 실행함에 따라 자연스럽게
수행되는 것이 테이스팅(Tasting), 소리를 맛보는 것입니다. 원하는 소리를 찾아 끊임없이
시도하는 과정과 그 재미를 통해 자신의 연주를 더욱 매끄럽고 입체적으로 완성할 수
있으며, 마치 날실과 씨실을 엮듯이 잘 짜인 이야기로 전달할 수 있을 것입니다.

✳ D.C (Da Capo , 다 카포)는 처음으로 돌아가서 다시 연주하라는 뜻입니다. Fine (피네)는
곡이 끝나는 위치를 뜻합니다. 즉, D.C al Fine (다 카포 알 피네)는 처음으로 돌아가서
다시 연주하고, 피네에서 곡을 마치라는 뜻입니다.

✳ 2음 이상의 슬러 스타카토는 먼저 음이 상행하고 하행함에 따라 울림의 모양을 구상해
활 긋기의 범위를 나누어준 후, 레가토로 연습해 4줄의 각도와 텐션 범위에 익숙해진
상태에서 실행합니다.

Minuet from String Quintet in E Major

마장조 미뉴에트

루이지 보케리니 (Luigi Boccherini)

Moderato e grazioso

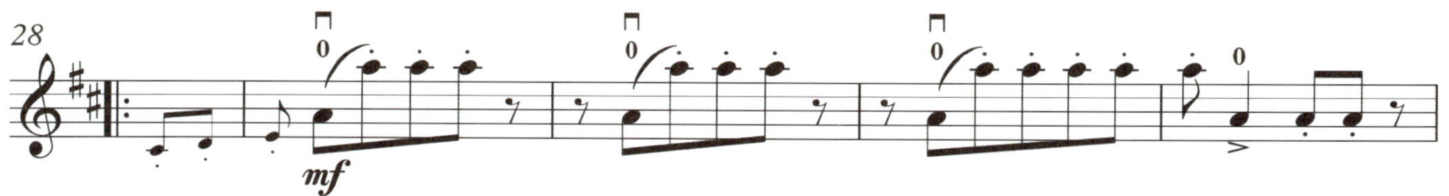

✳ 싱코페이션(Syncopation)은 강박과 약박의 위치가 뒤바뀌는 일종의 리듬 용어입니다. 대개 마디의 첫 박을 강박으로 실행하는데, 이 곡에서는 1마디와 같이 8분음표, 계이름 '라'에서 약박으로 실행하고 이어지는 4분음표, 계이름 '라'에서 강박으로 실행합니다.

✳ 악센트는 이전 음표에서 활의 속도를 현저히 줄인 상태에서 효과적으로 실행할 수 있습니다.

✳ 7마디와 19마디에 표시된 tr(트릴)을 아래와 같이 연주합니다.

악보 112 , 113

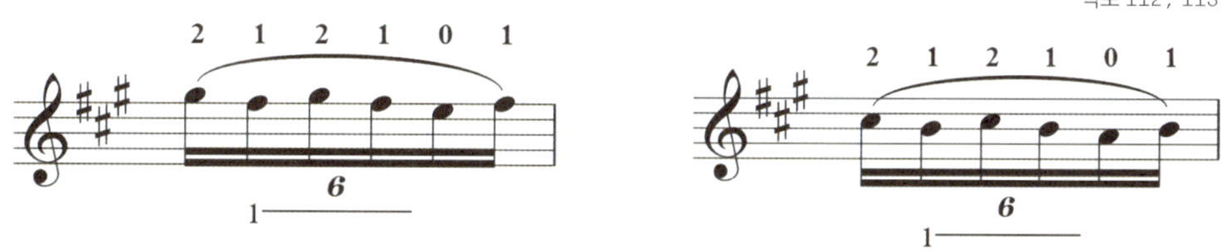

✳ Trio에서 조가 바뀌므로 반음과 온음 관계를 확인합니다.

✳ 2nd time D.C는 두 번째 반복할 때 처음으로 돌아가 연주하라는 뜻입니다.

쉬프팅

쉬프팅(Shifting)은 한 포지션에서 다른 포지션으로 이동하는 주법을 말하며, 이를 통해 4줄의 음계와 텐션 범위를 폭넓게 다룰 수 있습니다. 아래와 같이 지판을 중심으로 악기의 형태를 따라 이루어지는데, 악기의 목 부분에 해당하는 포지션은 팔꿈치 관절을 구부리고 펴는 운동을 통해 실행하고, 악기의 몸통 부분에 해당하는 포지션은 어깨관절의 회전운동을 통해 실행합니다. 이 책에서는 악기의 목 부분에 해당하는 1포지션과 3포지션을 익혀보겠습니다.

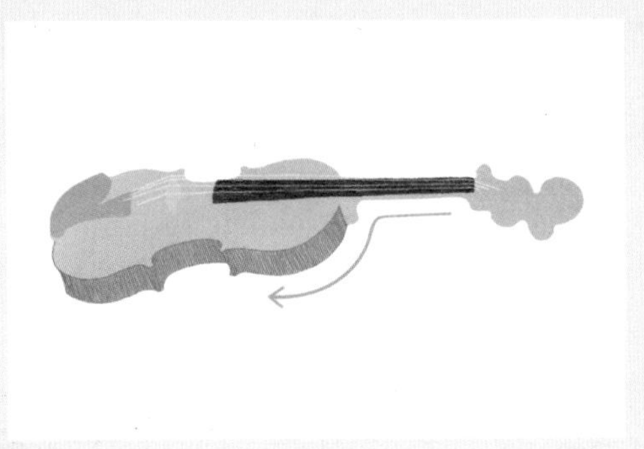

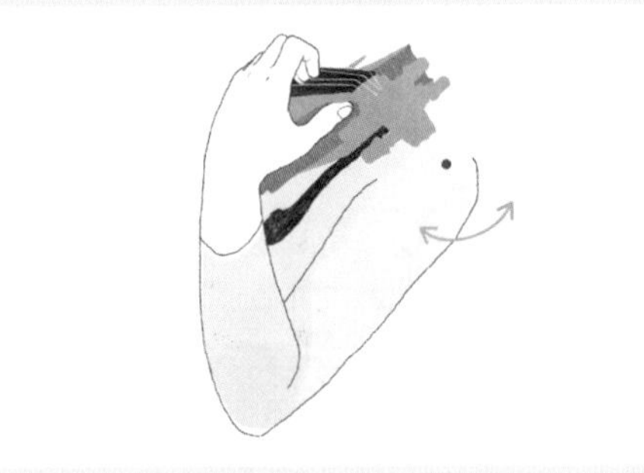
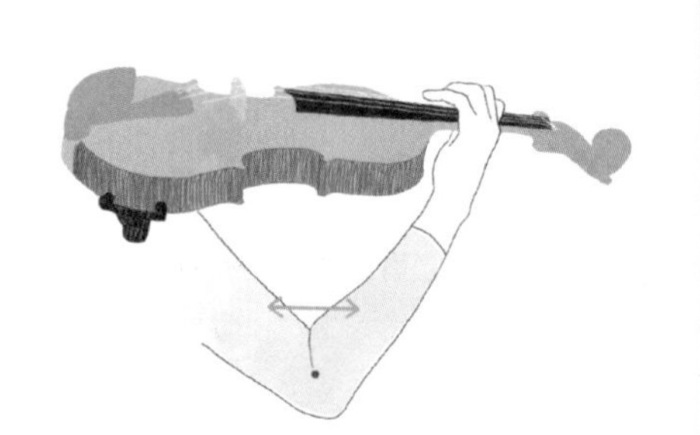

✳ 쉬프팅의 2가지 진행 방식

쉬프팅은 같은 손가락으로의 진행과 다른 손가락으로의 진행이 있습니다. 먼저 같은 손가락으로 진행하는 경우를 살펴보겠습니다.

< 같은 손가락으로의 진행 >

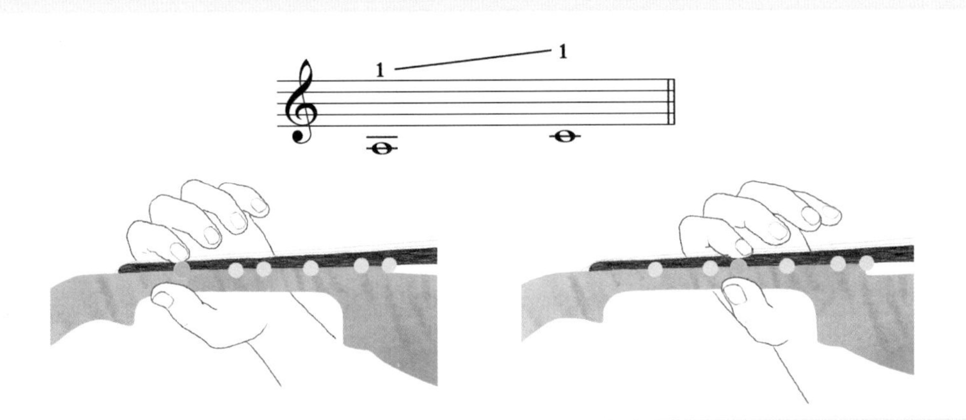

위 <악보 114>의 예를 들어, 계이름 '라'를 1번 손가락으로 짚은 상태에서 팔꿈치를 구부려 계이름 '도'의 위치로 손가락을 이동시킵니다. 반대로 3포지션에서 1포지션으로 진행할 때는 팔꿈치를 펴 계이름 '라'의 위치로 손가락을 이동시킵니다.

낮은 포지션에서 높은 포지션으로 이동할 때는 팔꿈치를 구부림에 따라 왼팔에
팽팽한 느낌이 들고, 반대로 높은 포지션에서 낮은 포지션으로 이동할 때는
팔꿈치를 펴게 됨에 따라 왼팔에 느슨한 느낌이 듭니다. 앞서 오른팔 주법에서
활의 대응 지점이 브릿지에 가까울수록 오른팔에 팽팽한 느낌이 들고, 반대로 대응
지점이 지판에 가까울수록 오른팔에 느슨한 느낌이 드는 것과 같은 맥락입니다. 즉,
몸통으로부터 양팔의 거리감을 통해 주법을 익히는 것입니다.

악보 115, 116, 117, 118

먼저 각 줄에서 접점의 기울기와 회전운동을 바탕으로 해석된 운지번호에 따라
엄지손가락의 대응값을 취해 같은 손가락으로의 쉬프팅을 실행합니다. 이때
운지번호가 같더라도 음계의 위치에 따라 손가락 모양이 다를 수 있습니다.
동작이 익숙해지면 활 긋기와 함께 실행합니다. 앞서 '4줄의 NSP는 포지션이
높아질수록 점점 브릿지 쪽으로 이동해 촘촘한 간격을 갖습니다.'라고 언급한 바와
같이 1포지션에서 3포지션으로 높아짐에 따라 활의 대응 지점을 브릿지 쪽으로
이동하고, 반대로 3포지션에서 1포지션으로 낮아짐에 따라 활의 대응 지점을
지판 쪽으로 이동합니다. 즉, 양팔을 몸통 쪽으로 이끌었다가 다시 몸통으로부터
떨어트리는 방식입니다.

<다른 손가락으로의 진행 >　　　　다른 손가락으로의 진행은 먼저 짚은 손가락을 통해 포지션을 설정한 후 다음 손가락을 짚음과 동시에 먼저 짚은 손가락을 떼줍니다.

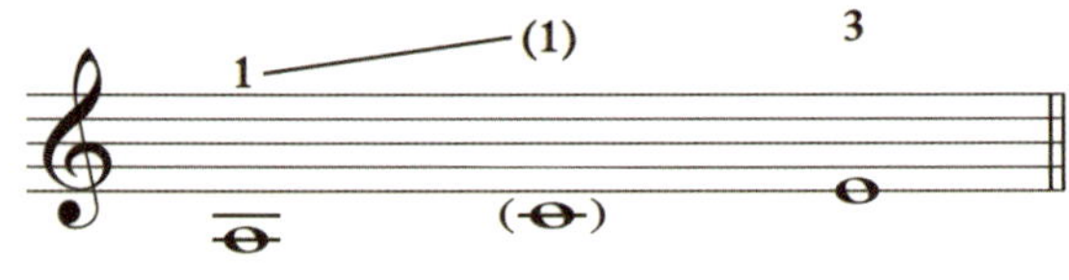

악보 119

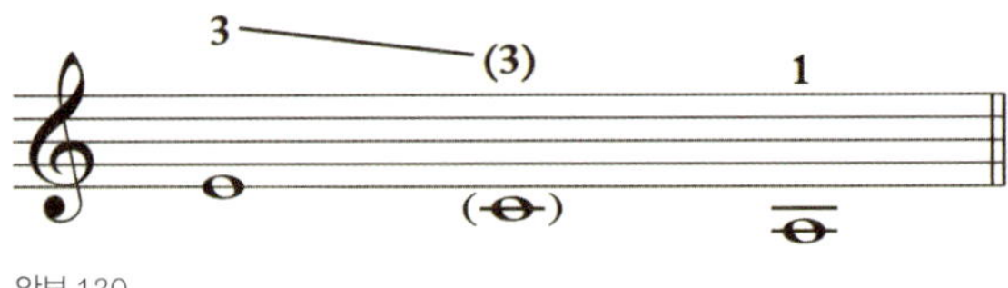

악보 120

위 <악보 119>의 예를 들면, 계이름 '라'를 1번 손가락으로 짚은 상태에서 팔꿈치를 구부려 계이름 '도'의 위치로 이동해 3포지션을 설정한 후 접점의 회전운동을 실행해 계이름 '미'를 3번 손가락으로 짚음과 동시에 1번 손가락으로 떼줍니다.

반대로 3번 손가락에서 1번 손가락으로 진행할 때는 계이름 '미'를 3번 손가락으로 짚은 상태에서 팔꿈치를 펴 계이름 '도'의 위치로 이동해 1포지션을 설정한 후 접점의 회전운동을 실행해 계이름 '라'를 1번 손가락으로 짚음과 동시에 3번 손가락을 떼줍니다. 이처럼 같은 손가락으로의 진행은 다른 손가락으로의 진행을 위한 준비 연습이라 할 수 있습니다.

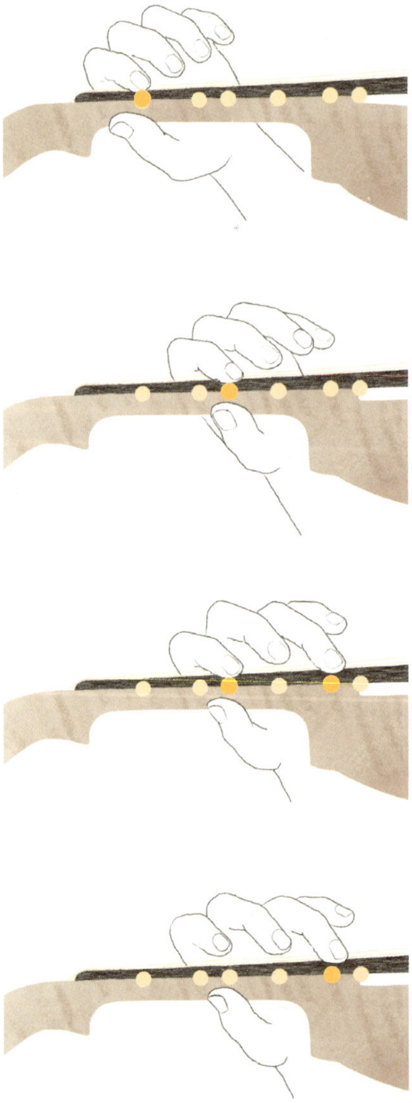

그림 194, 195, 196, 197

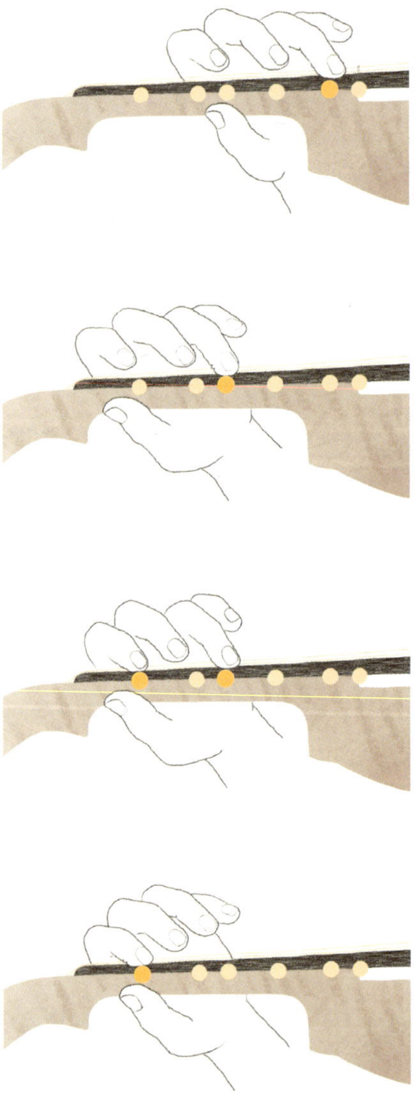

그림 198, 199, 200, 201

<연습하기>

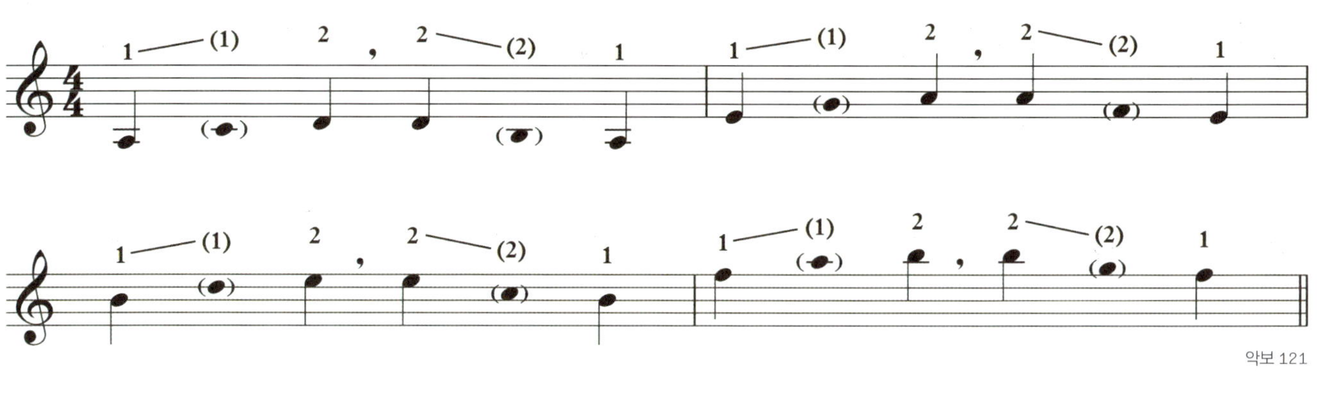

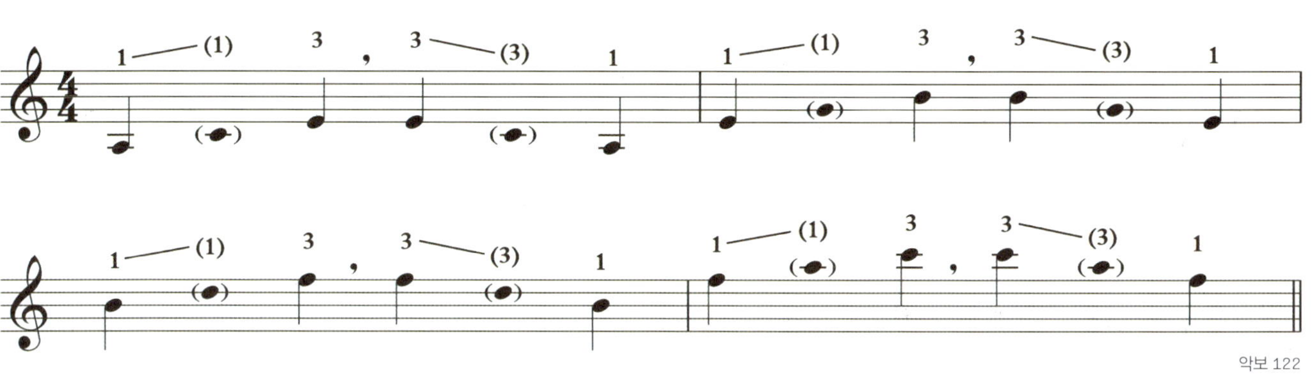

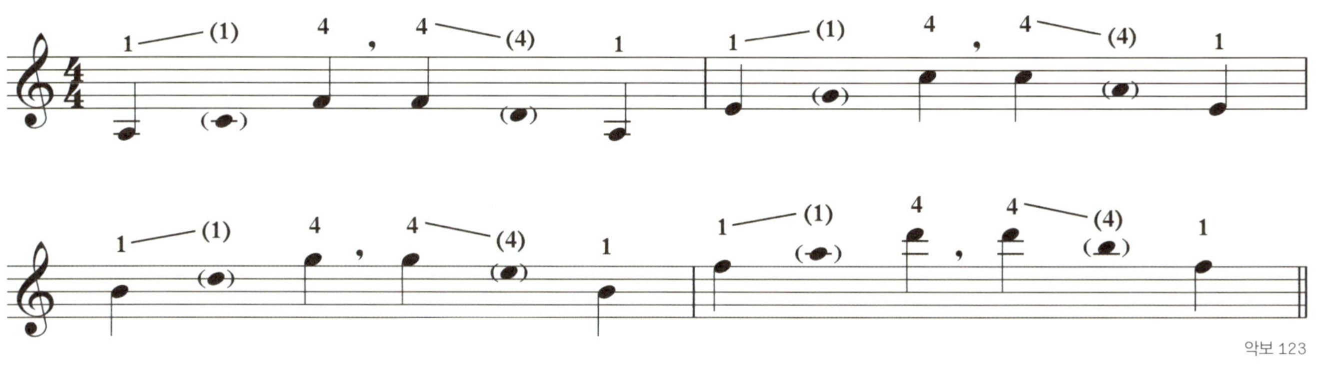

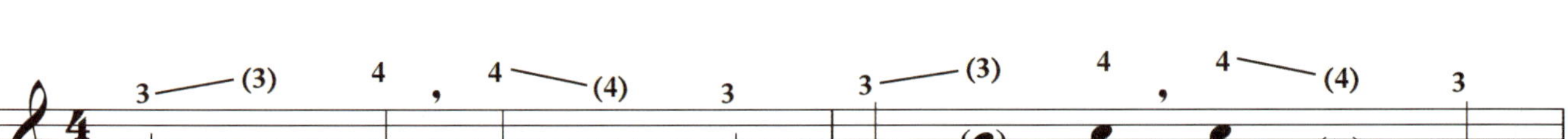

악보 125

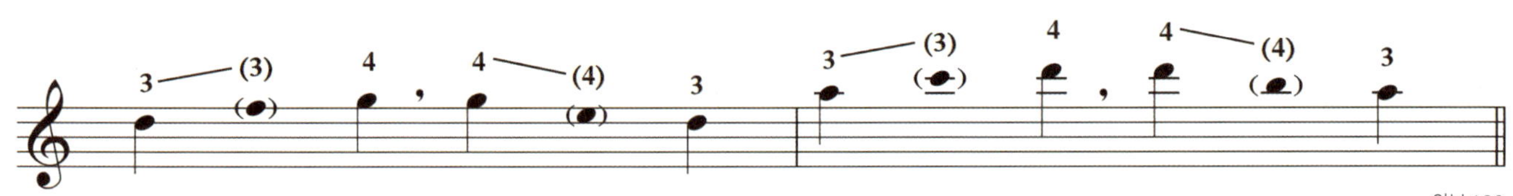

악보 126

먼저 각 줄에서 접점의 기울기와 회전운동을 바탕으로 해석된 운지번호에 따라
엄지손가락의 대응값을 취해 다른 손가락으로의 쉬프팅을 실행합니다.
동작이 익숙해지면 활 긋기와 함께 실행합니다. 이때 줄타기를 통해 활 긋기의 대응
조건을 알맞게 맞추면 운지한 음의 울림이 분명해져 음정 연습에 도움이 되며, 이를
통해 4줄의 음계와 텐션 범위를 폭넓게 구사할 수 있습니다. 이처럼 줄타기는 줄과
줄 사이, 활의 빠르기, 셈여림, 곡의 분위기 변화와 더불어 쉬프팅에도 적용됩니다.
여기까지 쉬프팅의 대표적인 연습으로 1포지션과 3포지션 간의 이동을
살펴보았습니다. 다음 단계로 쉬프팅을 더욱 심화하고 싶다면 관련된 책을 구비해
다양한 포지션 이동과 연습 방법을 익혀보길 권합니다. 이 책에서는 '유모레스크'
곡의 준비 연습으로 <악보 127>을 익히며, 쉬프팅 주제를 마칩니다.

마지막 마디는 5포지션입니다.

Humoresque

유모레스크

안토닌 드보르작(Antonin Dvorak)

poco lento e grazioso

* 만약 리듬 읽기가 어렵다면 한 박자씩 크게 나누어 보고, 다시 반 박자씩 나누어 파악합니다. ♪는 32분음표, 𝄾는 32분 쉼표로 16분음표와 쉼표를 반으로 나눈 길이입니다.

* 1마디부터 중간활의 범위 내에서 활을 점점 길게 그어주다가 3마디의 마지막 올림활에서 활 밑까지 그어줍니다. 이어지는 내림활에서는 속도를 낮추는 동시에 지판 쪽으로 줄을 내려 타 5마디에서 *pp*의 악상을 나타냅니다.

Epilogue

음악은 관계를 이끄는 무언가인 것 같습니다. 나의 기억 속 어느 날, 어떤
공간에서의 추억을 떠올려 준다거나 내일에 대한 희망으로 지금의 나를 지탱해
줍니다. 저에게 가장 좋았던 음악은 천진난만한 어린 학생과 함께한 연주입니다.
아이의 얼굴에 묻어난 해맑은 표정과 반짝이던 눈빛, 그리고 유쾌한 웃음을 나누던
시간이었습니다. 사람 사이뿐만이 아니겠지요. 자연과 동물, 그 대상이 무엇이든
그것으로 존재함을 느끼게 하는 것이 음악이 가진 아름다움, 소리의 의미가
아닐까 합니다.
끝으로 이 책이 바이올린이라는 악기를 다루는 데 많은 도움이 되었기를 바라며,
살아가는 많은 날에 여러분 모두가 자신의 음악을 마음껏 이야기해 보았으면
좋겠습니다.

저자 이지은

상명대 음악학부 관현악 전공 (Violin)
2005년부터 강남구 도시관리공단 바이올린 강사로 활동 중이며,
보더스 출판사의 대표이다.

Panorama Violin
바이올린을 연주하기까지 일련의 과정을 담다

2025년 7월 1일 초판 1쇄 발행

지은이   이지은
펴낸이   이지은
편집   이지은
일러스트   필섭
악보   유은
디자인   properworks

펴낸곳   BORDERS
출판등록   제 390-2024-000024 호
주소   경기도 광명시 안현로 15, 107-205
전화   010-9674-5065
팩스   0504-236-5065
이메일   borders.publisher@gmail.com

©이지은, 2025

ISBN   979-11-991050-3-4 (03670)